Uma QUESTÃO *de* HONRA

LUCIANO SUBIRÁ

Uma questão de honra

O valor do dinheiro na adoração

mundocristão

Os textos das referências bíblicas foram extraídos da *Nova Almeida Atualizada* (NAA), da Sociedade Bíblica do Brasil, salvo as seguintes indicações: *Almeida Revista e Corrigida* (ARC), *Almeida Revista e Atualizada* (ARA) e *Tradução Brasileira* (TB), da Sociedade Bíblica do Brasil; *Nova Versão Internacional* (NVI), da Biblica, Inc.; e *Nova Versão Transformadora* (NVT), da Tyndale House Foundation. Grifos nas citações bíblicas são do próprio autor.

CIP-Brasil. Catalogação na publicação
Sindicato Nacional dos Editores de Livros, RJ

S934q

Subirá, Luciano
Uma questão de honra : o valor do dinheiro na adoração / Luciano Subirá. - 1. ed. - São Paulo : Mundo Cristão, 2025.
208 p.

ISBN 978-65-5988-493-3

1. Dízimos - Doutrina bíblica. 2. Contribuição cristã - Doutrina bíblica. 3. Deus - Adoração e amor. I. Título.

25-99813.0

CDD: 248.6
CDU: 27-463.2

Meri Gleice Rodrigues de Souza - Bibliotecária - CRB-7/6439

Categoria: Espiritualidade
1ª edição: Outubro de 2025

Edição
Daniel Faria
Revisão
Camila Lima
Produção
Felipe Marques
Diagramação
Gabrielli Casseta
Colaboração
Ana Luiza Ferreira
Guilherme H. Lorenzetti
Capa
Rafael Brum

Publicado no Brasil com todos os direitos reservados por:

Editora Mundo Cristão
Rua Antônio Carlos Tacconi, 69
São Paulo, SP, Brasil
CEP 04810-020
Telefone: (11) 2127-4147
www.mundocristao.com.br

À Maria de Betânia, irmã de Marta e Lázaro,

e Maria Thereza Camargo Ferter,

exemplos de adoradoras e ofertantes

que quero seguir por toda a minha vida

SUMÁRIO

INTRODUÇÃO

Ganhe o máximo que puder, economize o máximo que puder
e dê o máximo que puder.

JOHN WESLEY

Este livro trata não apenas de dinheiro ou contribuição ao reino de Deus, mas de honra ao Senhor. Honra que se manifesta por meio de atitudes. Uma atitude que envolve bens materiais, por sua vez, pode ou não expressar honra. Portanto, o que você encontra nestas páginas é a seguinte máxima: a postura de honra é *essencial*; a contribuição é *consequência*.

Creio que, para sermos transformados em qualquer área, primeiramente precisamos de um entendimento bíblico correto. Em seguida, é necessário decidir andar à luz dos princípios que foram compreendidos. Espero que esta abordagem de honra ajude você tanto num aspecto quanto no outro. Minha oração é que sua mente interprete com clareza o que a Bíblia ensina e por que o ensina, ao mesmo tempo que seu coração é despertado e provocado pelo Espírito Santo a ir além do conhecimento teórico para adentrar o terreno da prática da Palavra — no qual Deus opera de fato.

Além do fundamental conceito de honra, a mensagem deste livro visa esclarecer, de forma prática, como o cristão deve se portar e agir nas mais diversas áreas que envolvem, direta ou indiretamente, dinheiro: primícias, contentamento, a questão das perdas, integridade nas finanças, o significado do dízimo, mordomia, semeadura e ceifa, generosidade, entre outras. Muitos livros preciosos foram escritos tendo em vista a restauração da visão da igreja acerca da área financeira, e cada um deles cumpre um papel. Minha intenção é somar, sem diminuir o valor do que já foi ensinado.

Desde a primeira publicação, em 2004, o conteúdo do livro vem sendo melhorado e aprimorado a cada nova edição. Houve um acréscimo de capítulo e duas alterações de capa, além da mudança de título, que inicialmente era *Honrando ao Senhor com nossos bens*. A edição de 2021 também foi expandida, incluindo muitas citações e transcrições de outras obras. A princípio, minha decisão havia sido de compartilhar verdades que eu, pessoalmente, aprendera ao estudar a Bíblia. Por que resolvi incluir perspectivas de terceiros agora? Decidi inseri-las no intuito de mostrar que o Senhor tem levantado *muitos* com um mesmo propósito: abrir nossos olhos em uma área tão delicada de nosso relacionamento com ele. Além de ver muitas pessoas sendo divinamente inspiradas a abordar o mesmo tema, o que indica sua relevância, há outro fator: como ensinador, não sou nem posso ser autossuficiente. Preciso da luz que Deus concedeu a meus irmãos, para que ela acrescente nuances à minha visão particular e, ainda, amplie minha capacidade de ensinar.

É justo que você encontre aqui não só o que eu aprendi e tenho ensinado, mas o que muitos outros também têm vivido e pregado sobre honrar ao Senhor.

1

O PRINCÍPIO DA HONRA

Se uma pessoa adquire a atitude correta
em relação ao dinheiro, isso ajudará a endireitar
quase todas as outras áreas de sua vida.

BILLY GRAHAM

Certa ocasião, ainda no início do meu ministério, recebi um presente de aniversário diferente de tudo que já havia ganhado, o que me tocou profundamente. A pessoa que me presenteou frequentava a igreja que eu pastoreava e, vale destacar, tinha uma renda mensal modesta. Esse irmão havia trabalhado como servente de pedreiro em uma casa que eu havia adquirido e reformado. Ele veio até mim, constrangido, num culto anterior ao meu aniversário, dizendo que não poderia me dar o presente que achava que eu merecia. Tentei tranquilizá-lo dizendo que, assim como eu não conseguia me lembrar do aniversário de tantas pessoas, também não esperava que o fizessem comigo, muito menos que me presenteassem. Mas não adiantou. Ele afirmou que, apesar da dificuldade financeira, por ter aprendido a importância de honrar seus líderes, havia decidido fazer algo especial para mim. E explicou: em vez de comprar, ele mesmo havia produzido meu presente. O que me deu foi a miniatura de um barco à vela, artesanalmente feita com palitos de madeira, cola e barbante.

Não pude deixar de refletir sobre o tempo que ele havia dedicado àquela confecção. Mesmo sem dinheiro, conseguira tornar aquele momento especial. Fiquei comovido, naturalmente. Percebi que tinha em mãos algo que valia muito mais do que qualquer presente comprado em loja. Monetariamente, o valor seria pequeno; emocionalmente, no entanto, representava uma verdadeira fortuna. Mais do que expressar um simples costume de presentear numa data comemorativa, aquele irmão demonstrou honra! Foi assim que me senti: honrado.

Começo com esse exemplo em especial para evitar que alguém interprete de forma equivocada que meu ensino diga respeito apenas a contribuição financeira ou valores monetários. O ponto central é outro: é *uma questão de honra.*

O verbo "honrar" significa "distinguir, fazer diferença". É isso o que Deus espera de nós. Mais do que entregar dízimos e ofertas, ele espera ser honrado!

> *Honre o* SENHOR com os seus *bens*
> e com as primícias de toda a sua *renda;*
> e os seus celeiros ficarão completamente cheios,
> e os seus lagares transbordarão de vinho.
>
> Provérbios 3.9-10

Vemos aqui uma promessa de Deus que, como todas as demais, já carrega em si seu "sim" e "amém" (2Co 1.20): Deus supre seu povo. Essa promessa não se restringe aos celeiros e lagares dos hebreus daquela época, de forma literal, mas aplica-se também a nós. Celeiros cheios e lagares transbordantes referem-se à provisão divina na esfera material. É importante ressaltar que, quanto à sua natureza, a provisão é abundante: "completamente cheios", "transbordarão". O exemplo divino revela a ideia de possuir recursos antes mesmo de a necessidade surgir. Nessa promessa, encontramos a manifestação do plano e, portanto, da vontade de Deus para o ser humano. Russel N. Champlin, em seu comentário bíblico *O Antigo Testamento interpretado versículo por versículo*, pontua:

> Se um homem honra ao Senhor cumprindo as leis concernentes aos dízimos, às ofertas, à ajuda aos pobres, coisas requeridas pela lei, então esse homem pode esperar corretamente ter bênçãos materiais e prosperar. É dando que

recebemos. Essa é uma lei espiritual que opera o tempo todo. Os que experimentam esse método descobrem que ele é funcional. "Essa é uma lei espiritual que homens tementes a Deus têm descoberto ser válida em todas as épocas" (Charles Fritsch).[1]

É vontade de Deus suprir as necessidades materiais de seus filhos. Diversas promessas na Bíblia apontam nesse sentido (Sl 23.1; Fp 4.19). Contudo, é importante frisar que não se realizam de forma automática. São promessas condicionais; não se cumprem por si mesmas — dependem de cada um de nós para que se concretizem. Ainda que o texto não traga explicitamente um "se" que indique essa condicionalidade, o imperativo a revela: "Honre o SENHOR". Se o honramos, ele também nos honrará, como o próprio Senhor afirmou: "honrarei aqueles que me honram" (1Sm 2.30). Se o honramos com nossos bens materiais, a honra virá sobre nós nessa mesma esfera. A promessa "e os seus celeiros ficarão completamente cheios, e os seus lagares transbordarão de vinho" (Pv 3.10) confirma o caráter material da bênção.

Dessa forma, podemos dividir a declaração de Provérbios 3.9-10 em duas partes: *propósito* e *consequência*. A primeira indica o que cabe a nós fazer; a segunda, o que Deus fará. E quando ele agirá? Depois de cumprirmos nossa parte. Muitos pregadores enfatizam a consequência como se fosse o propósito em si. Esse é um equívoco que pode, aliás, impedir o cumprimento da promessa.

Tenho observado, tanto pelo entendimento das Escrituras quanto pela experiência de vida cristã, que separar propósito de consequência não apenas alinha nosso coração aos valores da Palavra de Deus, como também amplia os resultados divinos em nossa vida.

Quando compreendemos o que é expressar honra a Deus no ato de dar, fazendo disso nosso propósito, a consequência torna-se inevitável — a bênção nos alcança. Algumas igrejas elevam a bênção — que é bíblica e expressão do caráter generoso de nosso Pai — a ponto de ela se tornar o verdadeiro motivo por trás da contribuição. Por outro lado, há quem ensine a motivação correta, mas eliminando as bênçãos, que também fazem parte da vontade de

[1] R. N. Champlin, *O Antigo Testamento interpretado versículo por versículo*, vol. 4 (São Paulo: Hagnos, 2018), p. 574.

Deus para nós. Ambos os extremos são equivocados. A recompensa jamais deve ser o que nos move a dar, mas tampouco deve ser ignorada.

Feita a distinção, volto a enfatizar que o texto de Provérbios 3.9-10 revela uma promessa divina de provisão e prosperidade (não necessariamente devendo ser interpretada como "riqueza"), o que, sem dúvida, expressa a vontade de Deus para seus filhos. De modo geral, podemos afirmar que o Senhor deseja que os seus não enfrentem, em estado contínuo, falta de coisa alguma e que, além disso, prosperem de maneira abundante. Contudo, muitos crentes sinceros não experimentam essa realidade. Creio que a explicação é simples: ainda não alcançaram a dimensão de entendimento (e resposta) necessária para desfrutar plenamente dessa promessa.

Temos ouvido bastante sobre as bênçãos do ato de dar, e acredito nessa doutrina, pois ela é plenamente bíblica. No entanto, a Palavra de Deus não apenas ordena que ofertemos, mas também orienta quanto à *forma correta* de fazê-lo. Entendo que o texto enfatiza mais a atitude correta ao ofertar do que o valor da dádiva em si — basta lembrar o presente que recebi, cujo maior valor não residia no objeto, mas na intenção e na atitude de quem o ofertou. Como afirma Charles Swindoll: "O 'como' e o 'porquê' damos é de muito maior importância para Deus do que aquilo que damos. A atitude e a motivação são sempre mais importantes do que a quantidade".[2]

Da mesma forma, quando afirmamos que Deus responde às orações, estamos dizendo algo verdadeiro e bíblico. No entanto, a Escritura não nos ensina apenas a orar, mas também nos instrui quanto à maneira de fazê-lo. Em Tiago 4.3, lemos: "pedem e não recebem, porque pedem mal, para esbanjarem em seus prazeres". Se há um "pedir mal" que impede a resposta, concluímos que não basta simplesmente orar — precisamos aprender o modo correto de fazê-lo.

O mesmo princípio se aplica à ceia do Senhor. Paulo refere-se ao cálice como "o cálice da bênção" (1Co 10.16), indicando que há bênçãos disponíveis quando participamos da ceia. Ninguém nega que o ato de comungar com o corpo e o sangue de Cristo traz bênçãos. Contudo, o apóstolo adverte os irmãos de Corinto de que se examinem antes de comer do pão e beber do cálice. O motivo? "Aquele que comer o pão ou beber o cálice do Senhor indignamente será réu do corpo e do sangue do Senhor" (1Co 11.27). E ainda

[2] Charles Swindoll, *O despertar da graça* (São Paulo: Mundo Cristão, 2009), p. 275.

acrescenta: "Pois quem come e bebe sem discernir o corpo, come e bebe juízo para si" (1Co 11.29). Ou seja, embora participar da ceia do Senhor seja, em si, algo correto e recomendado, é essencial fazê-lo da maneira adequada. Do contrário, o propósito — que é sermos abençoados — não se cumprirá.

Acredito que o mesmo raciocínio se aplica ao ato de ofertar ao Senhor. Foi por isso que Paulo instruiu os irmãos de Corinto:

> Cada um contribua segundo tiver proposto no coração, não com tristeza ou por necessidade, porque *Deus ama quem dá com alegria*.
>
> 2Coríntios 9.7

O apóstolo esperava que os crentes contribuíssem — mas da maneira correta: com alegria. Apesar de muitos pregadores e mestres da Palavra, atualmente, não darem a devida ênfase a esse aspecto, as Escrituras são claras.

A Bíblia também apresenta exemplos de pessoas como Caim e Ananias, que ofertaram ao Senhor, mas não tiveram suas ofertas aceitas, pois havia algo errado na atitude do coração deles. Será que esse tipo de comportamento não se repete em nossos dias? Concordo com a afirmação de A. W. Tozer: "Ouço pessoas testemunharem que dão seu dízimo porque Deus faz com que os 90% restantes excedam em muito os 100%. Isso não é espiritualidade; não passa de puro negócio".[3]

O que conta é a honra

Vimos que a orientação de Deus, transmitida por meio de Salomão, é a de honrar o Senhor com os bens. O que está em questão, portanto, não é simplesmente a entrega dos bens, mas sim a expressão de honra. O uso dos bens é apenas um meio pelo qual a honra é manifesta.

Dessa forma, concluímos que o Senhor não está interessado nas ofertas em si, mas no ofertante. Ele observa o que leva alguém a ofertar, avaliando se a atitude e a motivação são corretas. Um dos maiores exemplos bíblicos desse princípio encontra-se no episódio em que Deus pede a Abraão o sacrifício de Isaque (Gn 22.1-10). No momento em que o patriarca se preparava para imolar o filho, foi impedido. O Senhor deixou

[3] A. W. Tozer, *Verdadeiras profecias para uma alma em busca de Deus* (São Paulo: Editora dos Clássicos, 2013), p. 390.

claro que seu desejo era ver a expressão de honra; não queria privá-lo de Isaque, mas conceder-lhe a oportunidade de demonstrar honra — e fazê-lo de forma extraordinária.

O mesmo princípio se revela, de maneira oposta, no episódio de Ananias e Safira. Ainda que tenham trazido uma oferta de grande valor, a motivação era errada, e a entrega, marcada pela mentira.

O que aconteceu?

Deus se agradou?

De maneira alguma! O texto de Atos 5.1-11 relata que o Senhor os julgou por sua atitude. Deus não estava interessado no dinheiro deles, mas na honra que deveria ser expressa. Como já vimos, honrar significa distinguir, fazer diferença. Deus deseja ser distinguido de todas as demais coisas em nossa vida, inclusive daquelas que mais prezamos.

Mas por que Deus pede para ser honrado? Sabemos que ele é perfeito, completo em si mesmo. Deus é absoluto e não carece de coisa alguma. Portanto, não há nele qualquer necessidade de aceitação ou aprovação. Por que, então, requer honra? A verdade é que o faz por causa de nós, não dele próprio. A atitude de honra não altera a natureza divina; o impacto ocorre em nós, seres humanos.

O reino de Deus opera por princípios. Um deles foi estabelecido pelo próprio Senhor: "honrarei aqueles que me honram, porém desprezarei os que me desprezam" (1Sm 2.30). A honra que damos a ele é a mesma que recebemos de volta. O mesmo ocorre com o desprezo, seu oposto, que também nos retorna na mesma medida com que o expressamos.

Se Deus não busca nossas ofertas em si, mas a honra que deve ser manifesta através delas, então as ofertas tornam-se inaceitáveis quando desprovidas dessa honra.

> — O filho honra o pai, e o servo respeita o seu senhor. Se eu sou pai, *onde está a minha honra*? E, se eu sou senhor, *onde está o respeito para comigo*? Eu, o SENHOR dos Exércitos, pergunto isso a vocês, sacerdotes que desprezam o meu nome. Mas vocês perguntam: "Como desprezamos o teu nome?" Vocês oferecem pão impuro sobre o meu altar e ainda perguntam: "Em que te havemos profanado?" Nisso de pensarem que a mesa do SENHOR pode ser desprezada. Quando vocês oferecem em sacrifício um animal cego, será que isso não está errado? E, quando trazem um animal coxo ou doente, será que isso não está errado? Ora,

> experimentem oferecer um animal desses ao seu governador! Será que ele se agradará de vocês ou será favorável a vocês? — diz o SENHOR dos Exércitos.
>
> — E agora, sacerdotes, supliquem o favor de Deus, para que nos conceda a sua graça. Mas, com tais ofertas nas mãos, será que ele será favorável a vocês? — diz o SENHOR dos Exércitos. Quem dera houvesse entre vocês alguém que fechasse as portas do templo, para que não acendessem em vão o fogo do meu altar! Eu não tenho prazer em vocês, diz o SENHOR dos Exércitos, *nem aceitarei as suas ofertas*.
>
> Malaquias 1.6-10

Por meio do profeta, o Senhor declarou preferir que o templo fosse fechado a receber ofertas sem honra. Desde o princípio, o propósito das ofertas era o de expressar honra a Deus. Esse sempre foi o objetivo — jamais o valor material da oferta.

Nas duas esferas do relacionamento com Deus — como filhos e servos — espera-se que haja honra como expressão de amor e reverência ao Senhor. Um grande exemplo dessa prática está registrado nas páginas do Novo Testamento:

> Quando Jesus estava em Betânia, fazendo uma refeição na casa de Simão, o leproso, veio uma mulher, trazendo um frasco feito de alabastro com um perfume muito valioso, de nardo puro; e, quebrando o frasco, derramou o perfume sobre a cabeça de Jesus. Alguns dos que estavam ali ficaram indignados e diziam entre si:
>
> — Para que este desperdício de perfume? Este perfume poderia ter sido vendido por mais de trezentos denários, para ser dado aos pobres.
>
> E murmuravam contra ela. Mas Jesus disse:
>
> — Deixem a mulher em paz! Por que vocês a estão incomodando? Ela praticou uma boa ação para comigo. Porque os pobres estarão sempre com vocês, e, quando quiserem, podem fazer-lhes o bem, mas a mim vocês nem sempre terão. Ela fez o que pôde: ungiu o meu corpo antecipadamente para a sepultura. Em verdade lhes digo que, onde for pregado em todo o mundo o evangelho, também será contado o que ela fez, para memória dela.
>
> Marcos 14.3-9

Observe o que essa mulher fez: certamente, ela honrou o Senhor com sua atitude. E, em resposta à honra recebida, Cristo também a honrou, decretando que seu gesto seria contado em todas as gerações. Assim, sua história ecoaria sempre que o evangelho fosse anunciado.

A honra concedida por Deus é proporcional à honra que lhe dedicamos. Diante disso, o gesto daquela mulher não foi pequeno. A tamanha honra expressa por ela levou o Senhor a eternizar seu ato nas Escrituras — enquanto houver uma Bíblia aberta, sua história será conhecida.

Embora muitos usem esse texto como uma ilustração de adoração — o que de fato é —, poucos atentam para seu contexto literal: tratava-se de uma oferta material, de elevado valor financeiro, e não apenas de uma expressão musical. Foi uma adoração silenciosa, porém profundamente agradável ao coração de Deus.

Há ainda outros pontos que podemos aprender com o episódio da mulher de Betânia e os convidados daquele banquete. A primeira lição que o Senhor me ensinou foi sobre nossa tendência de vincular ofertas a propósitos específicos. Como pastor, tenho observado isso com frequência: quando desafiamos os membros da igreja a ofertarem em função de uma causa concreta, como um projeto ou uma construção, muitos respondem com maior entusiasmo. Contudo, acredito que temos nos equivocado. Embora existam exemplos bíblicos de ofertas com objetivos definidos — como no caso da construção do tabernáculo de Moisés —, o erro reside na mentalidade distorcida que acompanha essa prática: a ideia de que sempre deve haver uma justificativa racional, visível, para as ofertas.

Racionalmente, Maria de Betânia praticou um *desperdício*. Em outro relato bíblico, podemos perceber sinais de limitações financeiras naquela casa. Ao que parecia, Marta e Maria executavam as tarefas domésticas sem auxílio de criadas — algo incomum nas famílias de melhor condição financeira da época. Ou seja, Maria realizou uma oferta valiosíssima em um contexto de provável escassez de recursos. Seu ato contrariava a lógica e a razão.

Não sabemos com exatidão o valor daquele perfume, mas o evangelista afirma que poderia ser vendido por mais de trezentos denários — mesmo se revendido em segunda mão. O denário era uma moeda romana que trazia a efígie de César. Russel N. Champlin, no *Novo dicionário bíblico*, observa: "Tradução da palavra grega *denarion*, nome de uma moeda de prata usada pelos romanos [...]. Essa moeda tinha o valor do salário de um dia de um trabalhador do campo".[4] Considerando que o judeu trabalhava seis dias por semana, num mês de trinta dias ele recebia cerca de 26 denários, subtraindo

[4] R. N. Champlin, *Novo dicionário bíblico* (São Paulo: Hagnos, 2018), p. 419.

os sábados de descanso. Assim, o valor atribuído ao perfume representava cerca de um ano inteiro de salário de um trabalhador comum.

É curioso que ninguém dentre os presentes tenha criticado o valor da oferta em si, mas todos se incomodaram com o fato de que aquele valor não teve, segundo seus critérios, uma "aplicação prática". Lamentavelmente, ainda hoje, muitos têm perdido a essência do ofertar, reduzindo-o a uma simples questão de utilidade, e não de honra. Quando a oferta é direcionada à reforma do templo, por exemplo, há maior disposição por parte de muitos, visto que o resultado trará benefícios indiretos ao próprio ofertante. Já quando se trata de sustentar missionários, por exemplo, nem todos demonstram o mesmo zelo.

Infelizmente, boa parte das mensagens sobre contribuição acaba transmitindo a ideia equivocada de que dizimar equivale a um investimento, semelhante a um título de capitalização, em vez de orientar os cristãos a agradarem ao Senhor. Não nego que Deus fez promessas de bênçãos, como está claro em Malaquias 3.10-12. Contudo, o que de fato move o coração de Deus não é tão somente o ato de dar, mas a honra expressa na dádiva.

Este é o ponto central: não é o simples ato de dar que atrai a bênção, mas sim a honra implícita na oferta. Creio firmemente no princípio do dar e receber — a ponto de dedicar um capítulo inteiro neste livro para abordá-lo —, mas tudo deve ser compreendido, antes de tudo, sob a ótica da honra ao Senhor.

É bem possível dizimar com pontualidade e, ainda assim, falhar na honra ao desobedecer a outros princípios espirituais e éticos: sonegar impostos, mentir, explorar o próximo em negociações ou oprimir necessitados. O maior equívoco de muitos é presumir que, pelo simples fato de serem dizimistas, Deus os recompensará, mesmo que estejam em rebelião em outras áreas da vida.

Isso é um grave erro. Dízimos e ofertas atraem bênçãos apenas quando são expressões genuínas de honra ao Senhor. Quando os desvinculamos desse princípio — o qual deveria reger toda a nossa vida financeira —, anulamos a própria promessa divina. Quebras de princípios em outras áreas materiais e financeiras podem, com efeito, bloquear a bênção celestial sobre nós.

É importante ressaltar que honrar o Senhor com os bens vai muito além de simplesmente contribuir na igreja. Dízimos e ofertas constituem uma parte (quando entregues da forma correta), mas não o todo. Muitos se perguntam:

"Por que alguns que dão o dízimo não experimentam as bênçãos que as Escrituras associam a esse ato?". A resposta é simples: a bênção *não se limita* ao dízimo ou ao ato de dar, mas tem relação direta com a forma como damos.

A esse respeito, Tozer declarou:

> O dinheiro destinado a uma igreja ou à missão talvez seja para o ofertante um dinheiro desperdiçado, a menos que ele primeiro certifique-se de que seu coração está em sua oferta. Ofertas que não trazem o coração com elas podem fazer bem a quem as recebe, mas é certo que não trarão nenhuma recompensa ao ofertante: "Ainda que eu distribuísse toda a minha fortuna para o sustento dos pobres [...] e não tivesse amor, nada disso me aproveitaria" (1Co 13.3).[5]

Portanto, é crucial compreender *como* Deus recebe honra através de nossas contribuições. Como o Senhor enxerga nossas ofertas? Sua visão é muito distinta da nossa perspectiva humana. A Palavra de Deus deixa isso muito claro:

> Sentado diante da caixa de ofertas, Jesus observava *como* o povo lançava ali o dinheiro. Ora, muitos ricos depositavam grandes quantias. Vindo, porém, uma viúva pobre, lançou duas pequenas moedas correspondentes a um quadrante. E, chamando os seus discípulos, Jesus disse:
>
> — Em verdade lhes digo que esta viúva pobre lançou na caixa de ofertas mais do que todos os ofertantes. Porque todos *eles deram daquilo que lhes sobrava*; ela, porém, da sua pobreza *deu tudo o que possuía*, todo o seu sustento.
>
> Marcos 12.41-44

Nesse relato, vemos Cristo atentamente observando as ofertas depositadas no templo de Jerusalém. Craig S. Keener, em seu *Comentário histórico-cultural da Bíblia*, fornece algumas informações relevantes:

> No enorme Templo de Jerusalém havia um cofre muito grande, que ficava, segundo relatos, próximo ao pátio das mulheres. A tradição posterior afirma que os treze receptáculos para essas ofertas ficavam no pátio das mulheres, sendo acessível tanto às mulheres como aos homens de Israel.[6]

[5] A. W. Tozer, *Verdadeiras profecias para uma alma em busca de Deus* (São Paulo: Editora dos Clássicos, 2013), p. 378.

[6] Craig S. Keener, *Comentário histórico-cultural da Bíblia: Novo Testamento* (São Paulo: Vida Nova, 2017), p. 185.

O episódio da viúva pobre traz lições profundas. Um dos princípios ensinados é que o Senhor considera a condição material e financeira de cada um. O apóstolo Paulo escreveu aos coríntios: "a oferta será aceita conforme o que a pessoa tem e não segundo o que ela não tem" (2Co 8.12).

Assim como o dízimo é proporcional à renda de cada indivíduo, o mesmo princípio aplica-se às ofertas. Deus não espera mais do que o que temos condições de fazer. Paulo confirma essa prática frequente na igreja primitiva: "No primeiro dia da semana, cada um de vocês separe uma quantia, conforme a sua prosperidade" (1Co 16.2). A Nova Versão Internacional (NVI) traduziu "conforme a sua prosperidade" por "de acordo com a sua renda" — ambas expressões apontam para o mesmo conceito de proporcionalidade.

Ressalto esse ponto pois a Bíblia declara que, aos olhos de Cristo, a viúva pobre ofertou mais do que os ricos, ainda que, numericamente, tenha contribuído com muito menos. Ela depositou apenas duas moedas — no original grego, *lépton*, a menor moeda em circulação no sistema monetário da época. John Davis, em seu *Novo dicionário da Bíblia*, comenta: "O lépton (Lc 12.59 — centavo) era uma pequena moeda de cobre, a menor em valor dentre as moedas em circulação. O nome tem o sentido de pequeno".[7]

Como, então, alguém que deu *menos* pôde ter dado *mais*, na perspectiva de Jesus? Ainda que o fator proporcionalidade participe da resposta, ele não a encerra. O ensino de Cristo destaca, sobretudo, o fator honra.

O texto evidencia o contraste de postura: os ricos ofertaram do que lhes *sobrava*; a viúva deu *tudo* o que possuía. Para aqueles, quantias elevadas representavam sobras; para esta, as duas moedas significavam sua totalidade. Em termos de honra, a dádiva da viúva se sobressai de maneira grandiosa. Os ricos, provavelmente, colocaram Deus por último em suas prioridades financeiras. Primeiro satisfizeram suas vontades, depois separaram o que restava para o Senhor.

Nesse cenário, fica evidente que o interesse de Deus nunca foi o valor absoluto das ofertas, mas o lugar que ele ocupa em nosso coração. A viúva não apenas entregou tudo o que tinha; ela colocou o Senhor acima até mesmo de suas necessidades mais básicas — sua sobrevivência.

Sua oferta foi, portanto, grandemente honrosa e profundamente amorosa. Embora seu valor não tenha produzido impacto contábil no templo,

[7] John Davis, *Novo dicionário da Bíblia* (São Paulo: Hagnos, 2005), p. 353.

seu gesto teve altíssimo valor no reino espiritual. Sua doação não foi superior apenas pela proporcionalidade; foi superior porque continha honra, e muita honra. Por outro lado, embora a soma entregue pelos ricos tenha sido vultosa em números, não carregava o mesmo peso espiritual, pois lhes faltou honra. E aqui reside o âmago da questão.

Infelizmente, por não compreendermos esse princípio essencial, somos levados a pensar que a oferta só tem validade se representar uma quantia expressiva no caixa da igreja. Imagine-se, por um instante, na posição de Jesus, sendo alvo do "desperdício" do perfume de Maria ou testemunhando a entrega de duas moedas por uma viúva. Nenhuma dessas ofertas alterou a arrecadação do templo, mas ambas tocaram profundamente o coração de Cristo. Por quê? Porque o que ele observa não é a utilidade da oferta, mas a honra nela expressa.

Embora o foco desta obra seja a honra, creio ser oportuno ampliar um pouco mais o assunto da proporcionalidade. Recordo-me de um episódio marcante no início de nosso ministério com a literatura, por volta do ano 2000. Eu tinha dito à minha esposa, na véspera, que, caso não víssemos a provisão financeira necessária para dar continuidade ao projeto de distribuição de livros a líderes, encerraríamos o trabalho. A escassez de recursos para esse projeto estava me fazendo avaliar se eu não estava insistindo em algo que não tinha o favor divino. Pedi-lhe, então, que orássemos juntos: se o Senhor enviasse a provisão (e estabelecemos um valor elevado como sinal), entenderíamos isso como uma confirmação de sua vontade. E, assim, seguiríamos adiante com plena convicção, pelo restante de nossa vida.

Na manhã seguinte, um irmão da igreja me ligou e pediu que eu fosse até seu escritório. Fui sem saber o que me aguardava. Ali, recebi o exato valor pelo qual havíamos orado — a maior oferta que, até então, havíamos recebido em nosso ministério. Agradeci profundamente àquele irmão e à sua família, comentando que nunca alguém havia contribuído tanto com o projeto.

Até hoje, guardo com carinho essa lembrança. Aquela oferta se tornou um marco em minha fé — um divisor de águas que fortaleceu minha convicção de seguir em frente.

No entanto, tempos depois, quando o Senhor começou a me ensinar de maneira mais profunda sobre honra e proporcionalidade, ele me mostrou que minha declaração a esse irmão não era precisa. O Espírito Santo me conduziu a calcular a proporção entre o valor ofertado por aquela família e sua renda, comparando com ofertas que já havíamos recebido de pessoas com ganhos modestos — alguns sobrevivendo com um salário mínimo. Sob esse prisma, ficou claro: outras pessoas haviam dado mais, proporcionalmente. Não se tratava, portanto, da maior oferta no sentido absoluto da honra e da generosidade.

Não estou diminuindo o valor daquela preciosa contribuição, que continua sendo um marco na minha caminhada ministerial e um lembrete de nunca cogitar desistir de nossos projetos de ensino bíblico. Mas tenho o dever de reconhecer: na perspectiva da proporcionalidade — e, sobretudo, na ótica do céu —, já testemunhei ofertas ainda mais significativas. E não sou o único a perceber isso: Deus também vê e registra cada expressão de honra.

Aos olhos dele, muitos que contribuíram com valores modestos, numericamente, deram, de fato, muitíssimo.

Honrar é mais do que ofertar

Como vimos, honrar a Deus com os bens não se resume apenas ao que colocamos no caixa da igreja. O que mais, então, integra essa prática de honra? Podemos citar, por exemplo, a esmola. Quando abençoamos outras pessoas, suprindo suas necessidades, também estamos honrando o Senhor.

> Quem se compadece do pobre empresta ao Senhor,
> e este lhe retribuirá o benefício.
>
> Provérbios 19.17

Embora, em nossa cultura, o termo esmola muitas vezes remeta à ideia de uma quantia insignificante, o conceito bíblico vai muito além disso. Devemos lembrar que o dinheiro dado a um necessitado é, aos olhos de Deus, recebido como uma oferta diretamente entregue a ele. Além disso, o Senhor recompensa os que cuidam daqueles que lhe são preciosos.

Existe ainda outro aspecto da honra ao Senhor que não envolve uma contribuição direta. No Sermão do Monte, Jesus ensinou que não devemos contender por bens materiais. Em muitas situações, a atitude mais nobre é simplesmente abrir mão: "Se alguém quer processar você e tirar-lhe a túnica, deixe que leve também a capa" (Mt 5.40).

O Senhor me ensinou essa verdade de forma muito prática. Confesso que não foi fácil obedecer. Em 2002, tive um carro que apresentou problemas mecânicos, levando-me a buscar uma oficina especializada para retificar o motor. Além da manutenção, fiz questão de exigir a garantia dos serviços. Paguei um valor superior ao habitual — dois mil reais na época, fruto de muito esforço — para assegurar o bom funcionamento do veículo.

Três meses depois, o motor fundiu, dessa vez em plena estrada. Como o serviço de guincho seria oneroso, entrei em contato com a oficina, pedindo ajuda. Para minha surpresa, o proprietário quis cobrar ainda mais do que o próprio guincho para buscar o automóvel. Argumentei que o defeito decorria da falha do serviço prestado e que, além de não assumir a responsabilidade, ele ainda tentava lucrar com a situação. De forma ríspida, o homem afirmou que não me ajudaria nem reconheceria a garantia e encerrou a ligação.

Tomado por indignação, busquei aconselhamento jurídico. Um amigo advogado garantiu que eu tinha provas suficientes, inclusive testemunhas, para ingressar com uma ação judicial. Conversei ainda com um conhecido do PROCON (Programa de Proteção e Defesa do Consumidor), que confirmou a possibilidade de vitória na causa. Para completar, consultei um fiscal da Receita Federal, já que o empresário negara a emissão de nota fiscal, embora eu possuísse o registro do pagamento e a ordem de serviço. Ele afirmou que o mecânico responderia também por sonegação fiscal.

Em outras palavras, eu dispunha de todos os recursos legais para buscar reparação. Contudo, ao orar, Deus me orientou a abrir mão da disputa judicial. O Espírito Santo me alertou que diferentes versões da história circulariam durante o processo, o que poderia trazer escândalo e difamação não apenas a mim, mas também a outros líderes cristãos. Sem condenar a decisão de outros em situações semelhantes, ficou claro que, para mim, a direção de Deus era o caminho da renúncia.

Não foi fácil aceitar essa direção. Eu argumentei com o Senhor: se fosse uma oferta voluntária na igreja, eu daria com alegria; se fosse para ajudar os necessitados, também o faria com prazer. Porém abrir mão de algo que me era de direito, e ainda favorecer alguém que agira com má-fé, me parecia profundamente injusto.

Ainda assim, obedeci. Coloquei aquela perda no altar de Deus e orei. Foi então que o Senhor falou de maneira muito clara ao meu coração: ao abrir mão do dinheiro para honrá-lo, ele o recebia como se fosse uma oferta literal entregue a ele.

Não estou afirmando que seja sempre errado buscar reparação judicial em situações semelhantes; minha experiência pessoal — e com ênfase no fato de eu ser pastor — não deve ser generalizada. Contudo, há um princípio importante a ser considerado:

> Portanto, quando precisam julgar negócios terrenos, por que vocês constituem como juízes aqueles que não têm nenhuma aceitação na igreja? Digo isso para a vergonha de vocês. Será que não existe nem ao menos um sábio entre vocês, que possa julgar entre seus irmãos? Mas um irmão vai a juízo contra outro irmão, e isto diante de não crentes!
>
> O simples fato de moverem ações uns contra os outros já é completa derrota para vocês. *Por que não preferem sofrer a injustiça? Por que não preferem ficar com o prejuízo?*
>
> 1Coríntios 6.4-7

Existem momentos em que abrir mão, a fim de evitar escândalo e preservar o testemunho cristão, não apenas é uma opção legítima, mas se torna a única escolha sábia. Quando renunciamos a um direito, de coração, buscando glorificar o Senhor, mesmo que o dinheiro não seja destinado diretamente à obra de Deus, ele o recebe como oferta de honra.

A Escritura também nos apresenta o exemplo de Jó. O diabo o privou de todos os seus bens (Jó 1.12), mas, apesar das perdas, Jó manteve sua fé e honra a Deus. Sua esposa o incentivou a amaldiçoar o Senhor e morrer, mas ele permaneceu confiante de que o Redentor mudaria sua sorte. No fim, não foi o diabo quem lhe restituiu o que havia tirado, mas o próprio Deus, que lhe concedeu o dobro de tudo o que possuía (Jó 42.10).

Acredito firmemente que, ao mantermos uma postura correta diante das perdas — mesmo sem uma oferta formal —, Deus recebe essa atitude como uma oferta de honra e responde com restituição. Eu mesmo vivi algo semelhante após um grave acidente de carro, como relato com mais detalhes no meu livro *O agir invisível de Deus*. Assim que mudei minha postura interior e passei a glorificar a Deus em meio à crise, vi a restituição chegar à minha vida.

Andar em honestidade e recusar ganhos ilícitos também são formas de honrar o Senhor — tema que abordaremos mais adiante. Meu objetivo, desde já, é deixar clara a amplitude e a relevância do princípio da honra. Esse princípio não se restringe a dízimos e ofertas entregues no templo, mas abrange:

- Nossa integridade nos negócios.
- Nossa postura diante de perdas.
- Nosso testemunho em situações de conflito.
- Nossa disposição em renunciar a direitos legítimos.
- Nossa prontidão em ajudar os necessitados.

Para Deus, o que tem real valor é a honra e tudo o que ela implica — não simplesmente o dinheiro.

Devemos compreender o princípio da honra, em primeiro lugar, porque Deus é digno de toda honra. Ele merece ser honrado com nossos bens, mas também com nossa atitude correta em relação aos bens, independentemente das circunstâncias. A honra é o que move o coração de Deus, e nosso maior desejo deve ser agradá-lo.

Além disso, a honra também é o caminho para desfrutarmos das abundantes bênçãos prometidas pelo Pai. Não há problema algum em reconhecer isso. Ele é bom e galardoador; sua vontade é abençoar seus filhos. E aqueles que o honram com seus bens e com suas atitudes serão honrados com as bênçãos materiais do Senhor.

2

A LEI DAS PRIMÍCIAS

Poucas coisas testam mais profundamente
a espiritualidade de uma pessoa
do que a maneira como ela usa o dinheiro.
JOHN BLANCHARD

Desde que comecei a publicar meus livros, sempre mantenho o mesmo ritual. Pego o primeiro exemplar impresso que chega às minhas mãos, faço nele uma dedicatória e o entrego à minha esposa. A Kelly já sabe que o primeiro exemplar pertence a ela, seja de uma obra inédita ou de uma nova edição de um título anterior.

Se fosse apenas para ler ou guardar como recordação, não faria diferença possuir o primeiro ou o último exemplar — para tais finalidades, qualquer um serviria. Por que, então, faço questão de dar-lhe o primeiro? Porque, por meio desse gesto, quero demonstrar que minha esposa ocupa um lugar de importância em minha vida e ministério. Meu desejo é distingui-la dos demais. Mais do que apenas expressar gratidão pelo apoio que sempre me oferece, desejo afirmar o valor que carrego no coração: depois do Senhor, ela está em primeiro lugar. Essa é uma das formas que encontrei de honrar minha esposa.

Acredito que esse exemplo ilustra com clareza o princípio bíblico das primícias. Ao ordenar que seu povo lhe entregasse os primeiros frutos,

Deus desejava ser distinguido no coração de seus filhos. A entrega das primícias é uma forma de honrar o Senhor. Observe mais uma vez a ênfase das Escrituras:

> *Honre* o SENHOR com os seus bens
> e *com as primícias* de toda a sua renda;
> e os seus celeiros ficarão completamente cheios,
> e os seus lagares transbordarão de vinho.
>
> Provérbios 3.9-10

Ao tratar da honra devida a Deus em nossa vida financeira, a Palavra de Deus aborda tanto os bens quanto as primícias da renda. Não se trata apenas de honrá-lo com nossos bens de modo geral, mas especificamente com as primícias desses rendimentos.

O Dicionário Aurélio define primícias como: "Primeiros frutos; primeiras produções; primeiros efeitos; primeiros lucros; primeiros sentimentos; primeiros gozos; começos, prelúdios".[1] A definição bíblica caminha na mesma direção. Por trás de toda uma doutrina — composta por ensinos explícitos e figuras implícitas —, a Escritura destaca a importância de consagrar ao Senhor aquilo que representa a primeira parte. Essa entrega deve ser compreendida como um princípio espiritual.

Como já afirmei, Deus não estabeleceu as ofertas por necessidade própria, mas para sondar o coração humano numa das áreas que mais revela o seu apego. A lei das primícias segue essa mesma lógica: Deus não carece dos primeiros frutos — nós é que precisamos colocá-lo em primeiro lugar em nossa vida. Ofertar-lhe as primícias é um exercício de consciência quanto a quem ocupa o trono de nosso coração, quem deve receber a primazia. Em Êxodo 13.13, por exemplo, lemos que o primogênito da jumenta deveria ser resgatado; do contrário, seu pescoço deveria ser quebrado. Esse mandamento revela que a importância da entrega não estava no bem em si, mas no fato de que a primeira parte jamais deveria ser usada para fins pessoais.

Dar ao Senhor as primícias é honrá-lo. É reconhecê-lo. É declarar o lugar especial que ele ocupa. Deus exige o primeiro lugar em nossa vida. A rebelião

[1] Aurélio Buarque de Holanda Ferreira, verbete "primícias", *Dicionário Aurélio da Língua Portuguesa* (Curitiba: Positivo, 2020).

de Satanás foi, originalmente, uma tentativa de usurpar essa posição exclusiva de Deus, e ainda hoje ele tenta ocupar o trono de nosso coração.

A Bíblia está repleta de exemplos de pessoas que se recusaram a negociar o primeiro lugar de Deus, mesmo diante de grandes sacrifícios. Abraão dispôs-se a oferecer o próprio filho, mas não hesitou em conceder a Deus a primazia. José preferiu a prisão a pecar contra o Senhor em um adultério. Sadraque, Mesaque e Abede-Nego foram lançados na fornalha por não adorarem a estátua erguida pelo rei. Daniel foi lançado na cova dos leões por perseverar em buscar a Deus. Os apóstolos foram perseguidos e açoitados por obedecerem antes a Deus que aos homens. Todos são exemplos dignos de serem seguidos.

Além desses relatos, há o ensino direto de Jesus que reforça a centralidade da primazia de Deus:

> Mas busquem *em primeiro lugar* o Reino de Deus e a sua justiça, e todas estas coisas lhes serão acrescentadas.
>
> Mateus 6.33

A palavra grega traduzida como "primeiro" é *prôton*. Segundo o Léxico de Strong, significa "primeiro no tempo ou no lugar; primeiro em ordem de importância, influência e honra; principal, chefe".[2]

Quando fui batizado no Espírito Santo, minha vida foi profundamente transformada. Eu cresci em um lar cristão e tive meu encontro com Cristo ainda criança, mas foi somente aos quinze anos que conheci a pessoa e o poder do Espírito Santo. A partir daquele momento, minha caminhada espiritual tomou um novo rumo. Naquele fim de semana de experiência com Deus, declarei que, dali em diante, ele teria o primeiro lugar em minha vida. Logo surgiu a primeira oportunidade de renúncia: abrir mão daquilo que eu mais valorizava na adolescência — minha bicicleta.

Eu passava a maior parte do meu tempo livre praticando manobras freestyle naquela bicicleta, que havia montado com muito esforço. Para compreender seu valor, é preciso conhecer o contexto: minha família não tinha condições de comprar uma bicicleta. A única que meus irmãos e eu tivemos foi um presente de nossa tia Domingas, que a havia recebido como prêmio.

[2] Bible Hub, verbete *prôton*, G4412, <https://biblehub.com/greek/4412.htm>.

Assim, fui fazendo pequenos trabalhos, acumulando dinheiro aos poucos, até conseguir montar uma das melhores bicicletas do bairro.

Quando entendi, pelo Espírito, que deveria entregá-la, foi, guardadas as devidas proporções, quase como entregar um Isaque no altar. Mas eu obedeci. Aquela foi a forma que encontrei para expressar o compromisso de colocar Deus em primeiro lugar. Desde então, novas oportunidades de reafirmar essa decisão continuam surgindo.

Vale destacar que, ao colocarmos o Senhor no lugar mais elevado, não experimentamos frustração. Pelo contrário, surge dentro de nós uma sensação de realização e propósito, confirmando que fomos criados justamente para isso. Quando Deus não ocupa a primazia, há um desequilíbrio interior. Perdemos o verdadeiro sentido da existência.

Primícias no Novo Testamento

Alguns cristãos, ao ouvirem qualquer menção a princípios do Antigo Testamento, logo demonstram resistência. Antes mesmo de refletirem sobre o tema, já questionam: "Qual é a base disso no Novo Testamento?". Portanto, comecemos por essa resposta.

Na igreja neotestamentária, já não se observava mais os ritos cerimoniais da lei de Moisés. O Concílio de Jerusalém foi claro ao afirmar que nenhum jugo mosaico seria imposto aos gentios, exceto por quatro recomendações: abster-se da "contaminações dos ídolos, bem como da imoralidade sexual, da carne de animais sufocados e do sangue" (At 15.19-20).

Contudo, isso não significa que, após o Concílio, a igreja gentílica estivesse isenta de outras instruções ou doutrinas. Se assim fosse, o restante do Novo Testamento sequer teria razão de existir. Naquele momento, estabeleceu-se uma diretriz específica em relação ao legado mosaico, mas o ensino apostólico prosseguiu, lançando luz sobre muitos princípios espirituais já revelados nas Escrituras.

Posteriormente, os apóstolos utilizaram-se de figuras poderosas do Antigo Testamento para fundamentar e fortalecer as doutrinas da Nova Aliança. Eles não estavam reintroduzindo a lei, mas revelando a intenção divina por trás de suas figuras, agora plenamente aplicáveis na Nova Aliança. O autor de Hebreus descreve isso com precisão:

> Ora, visto que *a lei tem sombra dos bens vindouros*, não a imagem real das coisas, nunca jamais pode tornar perfeitos os ofertantes, com os mesmos sacrifícios que, ano após ano, perpetuamente, eles oferecem.
>
> Hebreus 10.1, TB

A sombra possui semelhança com o objeto real que a projeta, embora não reproduza com perfeição sua forma, textura ou profundidade. Assim, as ordenanças da Antiga Aliança continham traços dos princípios espirituais que seriam plenamente revelados em Cristo. As práticas materiais apontavam para realidades espirituais superiores.

O cordeiro sacrificado na lei mosaica prefigurava o verdadeiro Cordeiro de Deus, que tira o pecado do mundo (Jo 1.29). O incenso do tabernáculo representava as orações dos santos (Ap 5.8). A Páscoa, uma vez cumprida em Cristo, foi reinterpretada em sua aplicação espiritual (1Co 5.7-8). Da mesma forma, as demais práticas relativas a comida, bebida e dias sagrados foram reconhecidas como sombras de realidades eternas:

> Portanto, que ninguém julgue vocês por causa de comida e bebida, ou dia de festa, ou lua nova, ou sábados, porque tudo isso tem sido *sombra das coisas que haviam de vir*; porém o corpo é de Cristo.
>
> Colossenses 2.16-17

Foi dentro dessa perspectiva — de aplicação espiritual de antigas figuras — que o apóstolo Paulo também abordou a lei das primícias no contexto da Nova Aliança:

> Mas se *as primícias* são santas, também a massa o é; e se a raiz é santa, também os ramos o são.
>
> Romanos 11.16, TB

É evidente que Paulo não estava conclamando os gentios a retomarem práticas mosaicas. Ele usava, sim, a figura das primícias para ilustrar um princípio espiritual válido e vigente na Nova Aliança.

Em várias outras passagens, Paulo e outros escritores neotestamentários também se referiram às primícias com aplicação espiritual. Em Romanos 8.23, lemos sobre "as primícias do Espírito". Em 1Coríntios 15.20,23, Cristo é apresentado como "as primícias" dos que ressuscitaram. Ainda em 1Coríntios 16.15, Paulo chama a casa de Estéfanas de "as primícias" da Acaia. Tiago afirma que somos "as primícias" das criaturas do Pai das luzes (Tg 1.18). E Apocalipse descreve os 144 mil como "primícias para Deus e para o Cordeiro" (Ap 14.4).

Retornemos, então, à lei das primícias do Antigo Testamento, para compreender a aplicação que Paulo faz em Romanos 11. O povo de Israel recebeu de Deus a instrução de consagrar-lhe os primeiros frutos: os primogênitos tanto das mulheres quanto dos animais e da terra. O primeiro feixe da colheita pertencia ao Senhor e deveria ser apresentado pelo sacerdote como uma oferta de movimento. Juntamente com esses primeiros frutos, apresentava-se também uma oferta de cereais.

Paulo, ao recorrer a essa imagem, estava ensinando que a santificação da primeira parte — isto é, da porção mais importante — estabelecia a santificação de tudo o que viria depois. Quando alguém consagrava as primícias, toda a colheita e seus frutos subsequentes eram igualmente santificados. Por essa razão, o apóstolo também usa a ilustração da raiz: se a raiz, que surge primeiro e sustenta toda a árvore, for santificada, então os ramos e seus frutos também o serão. Deus, então, poderia fazer com que os celeiros se enchessem e os lagares transbordassem, desde que a primeira parte do que seria armazenado neles fosse entregue a ele.

Assim, fica evidente que as primícias representam, acima de tudo, a parte principal, a prioridade, que pertence exclusivamente ao Senhor. Separar a primeira porção em honra a ele libera, por consequência, a bênção sobre o restante.

Primícias no Antigo Testamento

Deus ordenou de forma clara e direta ao povo de Israel a entrega das primícias: "Tragam as primícias dos primeiros frutos da terra à casa do SENHOR, seu Deus" (Êx 34.26). A Tradução Brasileira optou por verter a expressão como "as primeiras das primícias da tua terra", pois no original hebraico aparecem duas palavras justapostas, transmitindo as ideias tanto de "primícias" quanto de "primeiros frutos".

A primeira palavra, *reshith,* segundo a definição de Strong, significa: "primeiro, começo, melhor, principal; princípio; parte principal; porção escolhida".[3] A segunda, *bikkuwr*, significa: "primeiros frutos, as primícias da colheita e das frutas maduras que eram colhidas e oferecidas a Deus de acordo com o ritual do Pentecostes; o pão feito dos grãos novos de trigo oferecidos no Pentecostes; o dia das primícias (Pentecostes)".[4] Enquanto o primeiro termo carrega um sentido mais amplo — referindo-se a dar a melhor e mais excelente parte de tudo — o segundo é mais específico, descrevendo a entrega do primeiro fruto da produção e da renda.

As primícias, portanto, tornaram-se uma prática central dentro da lei de Moisés. No entanto, antes mesmo da promulgação da lei, já observamos Deus conduzindo as pessoas ao entendimento da importância de separar e consagrar-lhe os primeiros frutos. Vejamos esse princípio já operando desde o início.

Caim e Abel

A distinção entre as ofertas de Caim e Abel está profundamente vinculada ao princípio das primícias. Muitos interpretam que o erro de Caim foi apresentar frutos da terra em vez de um cordeiro (prefigurando o sacrifício de Cristo), mas não compartilho dessa visão. A própria Escritura revela qual era a ocupação de cada um: Abel cuidava de ovelhas; Caim trabalhava a terra (Gn 4.2). Logo, seria natural que as primícias de Caim fossem oriundas do solo, e não de uma atividade que ele não exercia.

A primeira menção explícita de primícias nas Escrituras aparece justamente na descrição da oferta de Abel, o que é bem significativo:

> Aconteceu que, *ao fim de um certo tempo*, Caim trouxe do fruto da terra uma oferta ao SENHOR. Abel, por sua vez, trouxe das *primícias* do seu rebanho e da gordura deste. O SENHOR se agradou de Abel e de sua oferta, mas de Caim e de sua oferta não se agradou.
>
> Gênesis 4.3-5a

Ao separar os primeiros frutos do rebanho, Abel colocou Deus em primeiro lugar. Caim, porém, trouxe sua oferta "ao fim de um certo tempo". Ainda

[3] Bible Hub, verbete *reshith*, H7225, <https://biblehub.com/hebrew/7225.htm>.
[4] Bible Hub, verbete *bikkuwr*, H1061, <https://biblehub.com/hebrew/1061.htm>.

que o texto não especifique o intervalo exato, o fato é que Caim não apresentou os primeiros frutos — e sim, algo posterior.

O princípio revelado é claro: a entrega das primícias reconhece e declara a primazia de Deus. Por outro lado, relegar o Senhor para o fim é o oposto da honra. Assim como não aceitou a atitude de Caim, o Senhor não aceita tal comportamento em nós. Se Caim fosse ignorante quanto à forma correta de oferecer, não seria culpado; mas ele sabia o que Deus esperava. Isso fica evidente na conversa que o próprio Senhor teve com ele após rejeitar sua oferta:

> Irou-se Caim fortemente, e descaiu-lhe o semblante. Perguntou-lhe Jeová: Por que andas tu irado? E por que te descaiu o semblante? Porventura, *se procederes bem*, não terás levantado o teu semblante? E, se não procederes bem, o pecado jaz à porta; a ti será o seu desejo, mas tu dominarás sobre ele.
>
> Gênesis 4.5b-7, TB

Se não houvesse um conhecimento prévio da diferença entre proceder bem e mal, Deus não teria estabelecido tal diálogo com ele. Abel procedeu corretamente ao reconhecer a primazia de Deus e entregar as primícias; Caim, ao fazer o contrário, procedeu mal — ambos sabiam o que estavam fazendo.

Vemos, portanto, já desde muito antes da lei, um princípio eterno sendo revelado à humanidade: o melhor, os primeiros frutos, pertencem ao Senhor. Consagrá-los é reconhecer com o próprio coração, e não apenas com palavras, a supremacia de Deus sobre nossa vida.

Semente de bênçãos

A entrega das primícias é, na verdade, uma semente que abre acesso às bênçãos de Deus. O Senhor havia feito uma promessa a Abraão e a sua descendência, mas, como o apóstolo Paulo explicou aos romanos, a forma de santificar o restante é, primeiramente, santificando as primícias. Por isso, o Deus que age segundo seus próprios princípios pediu a Abraão as primícias de sua descendência: Isaque. Uma vez feita a entrega, o Senhor passou a proteger e a defender o restante — toda a descendência de Abraão — como se cada um fosse aquele primogênito que lhe fora ofertado.

Mais adiante, observamos como Deus expressa esse princípio ao enviar uma mensagem, por meio de Moisés, ao Faraó do Egito:

> Diga a Faraó: Assim diz o Senhor: "*Israel* é meu filho, *meu primogênito*. E eu digo a você: deixe o meu filho ir, para que me adore; mas, se você não quiser deixá-lo ir, eis que eu matarei seu filho, seu primogênito".
>
> Êxodo 4.22-23

O próprio Deus chama Israel de seu primogênito — fruto da consagração das primícias de Abraão. Caso Faraó não libertasse Israel, os primogênitos egípcios seriam atingidos. E foi exatamente o que ocorreu. Mais tarde, o salmista descreve com clareza o juízo de Deus sobre os primogênitos do Egito:

> Feriu todos os *primogênitos* no Egito,
> *primícias* da força deles nas tendas de Cão.
>
> Salmos 78.51, TB

> Também feriu de morte todos os *primogênitos* da terra deles,
> as *primícias* do seu vigor.
>
> Salmos 105.36

Ambas as passagens chamam os primogênitos egípcios de "as primícias" de sua força. Assim, compreendemos a essência da mensagem de Deus a Faraó em Êxodo 4.22-23 da seguinte forma: "Assim diz o Senhor: Israel é o meu primogênito, as primícias consagradas de meu servo Abraão. Liberta-o para que me sirva, ou eu julgarei os teus primogênitos, as primícias do teu vigor".

A prática da lei das primícias — ou a negligência em cumpri-la — sempre acarreta consequências espirituais. Honrar o Senhor por meio da entrega das primícias atrai bênçãos; contudo, tratar esse princípio com leviandade atrai juízo.

Compra dos primogênitos israelitas

Aos israelitas, Deus determinou do seguinte modo a consagação de todos os primogênitos:

> E disse o SENHOR a Moisés: "*Consagre a mim todos os primogênitos. O primeiro filho israelita me pertence*, não somente entre os homens, mas também entre os animais".
>
> Êxodo 13.1-2, NVI

Em seguida, o Senhor explicou a razão dessa exigência:

> Depois que o SENHOR os fizer entrar na terra dos cananeus e entregá-la a vocês, como jurou a vocês e aos seus antepassados, *separem para o SENHOR o primeiro nascido de todo ventre*. Todos os primeiros machos dos seus rebanhos pertencem ao SENHOR. Resgatem com um cordeiro toda primeira cria dos jumentos, mas se não quiserem resgatá-la, quebrem-lhe o pescoço. Resgatem também todo primogênito entre os seus filhos.
>
> No futuro, quando os seus filhos lhes perguntarem: "Que significa isto?", digam-lhes: Com mão poderosa o SENHOR nos tirou do Egito, da terra da escravidão. Quando o faraó resistiu e recusou deixar-nos sair, o SENHOR matou todos os primogênitos do Egito, tanto os de homens como os de animais. Por isso sacrificamos ao SENHOR os primeiros machos de todo ventre e resgatamos os nossos primogênitos.
>
> Êxodo 13.11-15, NVI

Além de estabelecer um princípio, o Senhor estava atuando com base em um direito legal. Na verdade, ao poupar e proteger os primogênitos de Israel, Deus os adquiriu para si. Usando a linguagem bíblica, o Senhor os resgatou e se tornou o legítimo proprietário deles. A partir de então, todos os primogênitos pertenciam a ele, e a consagração era o reconhecimento formal dessa posse. Para permanecerem com seus filhos, os pais precisavam resgatá-los mediante uma oferta. Assim, ao consagrarem o primogênito, também santificavam toda a descendência ao Senhor.

Consequências espirituais

O melhor ensinamento que já encontrei sobre o tema das primícias está no livro *Quando Deus é primeiro*, do pastor Mike Hayes. A leitura ampliou meu entendimento acerca da lei das primícias e, por isso, recomendo fortemente a obra. Meus olhos foram abertos, por exemplo, para compreender qual foi, de fato, o pecado de Acã em Jericó: ele violou o princípio das primícias. Mais tarde, percebi que essa compreensão não era recente, mas uma conclusão lógica e antiga. Flávio Josefo — cujos escritos, depois da Bíblia, figuram como uma das fontes históricas mais respeitadas sobre o povo de Israel — afirmou o seguinte:

> [...] sem nada reservar para seu proveito particular, tudo o que pudessem tomar, levassem a um mesmo lugar todo ouro e toda prata que encontrassem, para ser oferecido a Deus como *primícias* e como ação de graças pela sua assistência, os despojos de sua *primeira cidade*, que Ele fazia cair em suas mãos [...].[5]

Jericó foi a primeira cidade conquistada em Canaã e, de acordo com a lei das primícias, o despojo da guerra não pertencia aos israelitas, mas ao Senhor:

> Quanto a vocês, *cuidem para não ficar com nenhuma das coisas condenadas*, para não acontecer que, depois de as terem condenado, vocês as tomem para si. Neste caso, tornariam maldito o arraial de Israel e trariam confusão a ele. Porém toda prata, ouro e utensílios de bronze e de ferro são consagrados ao SENHOR; irão para o seu tesouro.
>
> Josué 6.18-19

Os israelitas estavam proibidos de reter qualquer item oriundo de Jericó. Todo o tesouro deveria ser consagrado ao Senhor, enquanto o restante — chamado de "coisas condenadas" — deveria ser destruído. Tanto os bens consagrados quanto os que seriam eliminados compunham a primeira porção, pertencente de forma exclusiva ao Senhor.

Interessantemente, o próprio Deus deixou claro que, após a conquista de Jericó, as regras para o despojo voltariam ao padrão habitual:

> — Você fará com a cidade de Ai e com o seu rei o que fez com Jericó e com o seu rei, *exceto que desta vez vocês poderão saquear os seus despojos* e o seu gado. Ponha emboscadas à cidade, por detrás dela. [...]
>
> Os israelitas *saquearam para si o gado e os despojos daquela cidade*, segundo a palavra do SENHOR, que havia ordenado a Josué.
>
> Josué 8.2,27

[5] Flávio Josefo, *História dos hebreus*, vol. 1 (Rio de Janeiro: CPAD, 1990), p. 105.

O Léxico de Strong revela que a palavra hebraica traduzida como "condenadas" é *cherem*, que significa "algo devotado, dedicado, proibido, consagrado à destruição total". Sua raiz, *charam*, traz a ideia de "consagrar, dedicar, destinar à destruição".[6] Algumas versões da Bíblia, como a Almeida Revista e Corrigida, traduzem como "anátema", termo que pode significar "maldição". Contudo, o significado não indica que os bens fossem amaldiçoados em si, mas que haviam sido consagrados à destruição e, portanto, não deveriam ser apropriados pelo povo.

Sob outra perspectiva, a questão central não era a natureza dos bens, mas a violação do princípio. Por que esses itens poderiam trazer maldição? Porque retê-los representava a quebra de um princípio divino e a desobediência explícita à ordem de Deus — uma ordem que se inseria no contexto da lei das primícias. Jericó, como a primeira cidade conquistada, representava as primícias da terra de Canaã e, por isso, todo o despojo da vitória pertencia ao Senhor. As coisas não eram malditas em essência, mas se tornavam causa de maldição quando não eram devidamente entregues.

É importante observar que, assim como o primogênito da jumenta — que não podia ser sacrificado, mas sim resgatado, ou teria o pescoço quebrado —, Deus também foi específico quanto ao que desejava receber de Jericó: ouro, prata, bronze e ferro deveriam ser dedicados ao seu tesouro; o restante seria destruído. Em ambos os casos, nada da primeira porção poderia ser retido pelo povo, pois a primícia não lhes pertencia.

Assim, o mais importante não era encontrar uma utilidade para os despojos, e sim não tocar naquilo que havia sido separado como sagrado para o Senhor. O exército, de modo geral, obedeceu:

> Porém queimaram a cidade e tudo o que havia nela; tão somente a prata, o ouro e os utensílios de bronze e de ferro *deram para o tesouro da Casa do Senhor*.
>
> Josué 6.24

Contudo, um único homem transgrediu o mandamento, trazendo juízo sobre todo o povo:

> Mas os filhos de Israel *foram infiéis em relação às coisas condenadas*, porque *Acã*, filho de Carmi, filho de Zabdi, filho de Zera, da tribo de Judá, pegou para si

[6] Bible Hub, verbete *cherem*, H2764, <https://biblehub.com/hebrew/2764.htm>.

> uma parte das coisas condenadas. A ira do SENHOR se acendeu contra os filhos de Israel.
>
> Josué 7.1

A quebra do princípio teve repercussões coletivas: a bênção de Deus foi suspensa, e Israel experimentou derrota na batalha seguinte — uma batalha que, humanamente falando, teria sido vencida com facilidade. A razão do fracasso estava na violação da lei das primícias. Ao deixar de consagrar a primeira porção de forma integral, todo o restante foi comprometido.

Mais uma vez, insisto em destacar o peso desse princípio: quando santificamos as primícias ao Senhor, consagramos também tudo o que vem depois. Por outro lado, quando retemos para nós o que pertence a Deus, roubamos sua bênção sobre o restante.

Esse princípio é aplicável em diversas áreas da vida. Por exemplo, ao separarmos um tempo pela manhã para buscarmos a Deus, dedicamos as primícias do nosso dia — e, assim, consagramos todas as demais horas. Da mesma forma, quando consagramos as primícias da nossa renda, santificamos o restante de nossos recursos, atraindo a proteção divina sobre nossas finanças e as bênçãos decorrentes da obediência.

O primeiro dia

> Disse mais Jeová a Moisés: Fala aos filhos de Israel, e dize-lhes: Quando entrardes na terra que eu vos hei de dar, e comerdes as suas searas, trareis ao sacerdote um molho das primícias da vossa seara. Ele moverá o molho diante de Jeová, para que seja aceito a vosso favor; *no dia depois do sábado* o moverá.
>
> Levítico 23.9-11, TB

Havia um dia específico, previamente determinado, para a apresentação do molho das primícias ao sacerdote. A Almeida Revista e Atualizada traduz "no dia imediato ao sábado", enquanto a Almeida Revista e Corrigida registra "ao seguinte dia do sábado". Ambas as traduções são claras e convergem na identificação do domingo como o dia designado.

Não considero que essa referência, por si só, estabeleça o domingo como um "dia sagrado" à semelhança do sábado no Antigo Testamento.

Contudo, ao menos, devemos reconhecer o simbolismo que associa a entrega das primícias ao *primeiro dia* da semana.

Por que esse detalhe é relevante?

Porque precisamos refletir sobre a aplicação prática e atual da simbologia contida na lei das primícias. Nesse contexto, o apóstolo Paulo chama atenção para a ressurreição de Cristo: "Mas, de fato, Cristo ressuscitou dentre os mortos, sendo ele *as primícias* dos que dormem" (1Co 15.20). A ressurreição de Jesus representa o cumprimento profético e tipológico das primícias — e ocorreu justamente "no primeiro dia da semana", como registrado em Mateus 28.1.

Cinquenta dias após a oferta inicial das primícias, uma nova celebração era instituída: a Festa de Pentecostes, que também recaía num domingo:

> Depois, para vós contareis *desde o dia seguinte ao sábado*, desde o dia em que trouxerdes o molho da oferta movida; sete semanas inteiras serão. *Até ao dia seguinte ao sétimo sábado, contareis cinquenta dias*; então, oferecereis nova oferta de manjares ao Senhor.
>
> Levítico 23.15-16, ARC

Essa era precisamente a festa conhecida como Pentecostes — que significa "cinquenta" —, celebrada ao final das sete semanas e considerada uma extensão da própria Festa das Primícias (Lv 23.17). Essa tipologia também se cumpre no Novo Testamento, quando a igreja recebeu o Espírito Santo:

> Ao cumprir-se o dia de Pentecostes, estavam todos reunidos no mesmo lugar. De repente, veio do céu um som, como de um vento impetuoso, e encheu toda a casa onde estavam sentados. E apareceram, distribuídas entre eles, línguas, como de fogo, as quais pousaram sobre cada um deles. Todos ficaram cheios do Espírito Santo e começaram a falar em outras línguas, segundo o Espírito lhes concedia que falassem.
>
> Atos 2.1-4

Assim, a igreja nasceu e recebeu o selo da aprovação divina justamente em uma celebração que simbolizava as primícias. Por essa razão, também nós somos chamados de primícias do Senhor: "Pois, segundo o seu querer, ele nos gerou pela palavra da verdade, para que fôssemos como que *primícias das suas criaturas*" (Tg 1.18). É importante compreender que a aplicação da lei das primícias não se restringe apenas ao aspecto financeiro ou literal, mas também possui dimensões simbólicas e espirituais — caso contrário, não seríamos denominados "primícias" de Deus.

Além disso, qual relação o Novo Testamento estabelece entre nossas contribuições e o primeiro dia da semana? Paulo orienta os coríntios:

> Quanto à coleta para os santos, façam também vocês como ordenei às igrejas da Galácia. *No primeiro dia da semana*, cada um de vocês separe uma quantia, conforme a sua prosperidade, e vá juntando, para que não seja necessário fazer coletas quando eu for.
>
> 1Coríntios 16.1-2

A orientação apostólica permanece: a entrega das contribuições ocorria no primeiro dia da semana — o domingo.

Percebo que o conceito de primícias no Novo Testamento não está limitado ao fato de ser exatamente o rendimento do primeiro dia ou o primeiro décimo da renda. O mais importante é o princípio da primazia: o ato de separar primeiro a parte de Deus, antes de qualquer outro compromisso financeiro. É essa distinção que expressa o lugar que ele ocupa em nossa vida.

O próprio Senhor instruiu Israel:

> Vocês não deverão comer pão, nem trigo torrado, nem espigas de trigo verdes, *até o dia* em que vocês trouxerem a oferta ao seu Deus; este é um *estatuto perpétuo* durante as gerações de vocês, onde quer que morarem.
>
> Levítico 23.14

A ordem era clara: ninguém deveria desfrutar do fruto do próprio trabalho antes de apresentar ao Senhor a parte que lhe cabia. Assim, entendo que dízimos e ofertas devem ocupar o primeiro lugar no orçamento de todo cristão, tornando-se, portanto, uma expressão inequívoca da primazia de Deus.

Por outro lado, ofertar o rendimento do primeiro dia do mês também pode ser uma forma legítima de observar o espírito da lei das primícias. Quando priorizamos o Senhor em nossa renda, ele também nos honra em nossas finanças, liberando bênçãos sobre o restante. Em contrapartida, quando nos colocamos em primeiro lugar e deixamos as coisas de Deus para o final, violamos sua primazia e comprometemos as bênçãos que poderiam nos alcançar.

Foi exatamente isso o que ocorreu nos dias do profeta Ageu. O povo priorizava suas próprias casas, enquanto a casa do Senhor permanecia em ruínas. Essa inversão de valores resultou em escassez e frustração financeira, conforme o próprio Ageu registrou. O povo buscava o próprio interesse antes de honrar a Deus — e, por essa razão, perdeu as bênçãos divinas.

Como praticar primícias hoje

O ensino sobre as primícias tem sido resgatado e restaurado nas últimas décadas, embora já esteja presente em escritos antigos, como a Didaquê — um dos primeiros documentos da história do cristianismo, espécie de catecismo da igreja do primeiro século. Mesmo tendo sido criado em um lar cristão, posso afirmar que, por muitos anos, não fui exposto a nenhum ensino sólido sobre o assunto. Por isso, creio que ainda carecemos de maturidade quanto à compreensão e à prática dessa lei espiritual. Assim, gostaria de apresentar alguns *conselhos* e *sugestões* — e não dogmas — sobre como podemos, hoje, honrar o Senhor com as primícias de nossa renda.

Alguns pregadores fazem distinção entre primícias e dízimos — distinção que, de fato, existia no Antigo Testamento — e ensinam os cristãos a, além de devolverem a décima parte, ofertarem também o equivalente a um dia de trabalho. Considerando que, atualmente, a maioria de nós não vive da agricultura ou da pecuária, como na Antiguidade, muitos orientam a divisão do salário mensal por trinta, resultando no equivalente a 1/30 como primícia — ou seja, o valor correspondente ao primeiro dia de trabalho. Essa tem sido, da parte de alguns grupos, uma forma contemporânea de aplicar o princípio.

Outros pregadores, por sua vez, entendem que o ato de dizimar e ofertar já deve carregar em si mesmo o caráter de primazia, sendo a separação feita antes de qualquer outro gasto. Nessa perspectiva, a primícia não seria uma contribuição à parte, mas a forma como o dízimo e as ofertas são priorizados.

Foi nesse último entendimento que fui inicialmente instruído por meu próprio pai — que era pastor e um estudioso das Escrituras — e posso testemunhar que muitos têm sido abundantemente abençoados ao praticar esse nível de compreensão. Contudo, creio que é possível avançarmos ainda mais, embora sem transformar essa prática adicional em uma obrigação.

Não afirmo que o fato de ofertar apenas após o recebimento total da renda implique descumprimento da lei das primícias — afinal, ainda pode se dar a priorização. Tampouco ouso declarar, à luz do Novo Testamento, que a entrega de primícias deva ser, obrigatoriamente, uma contribuição adicional além de dízimos e ofertas regulares. Entretanto, também não encontro qualquer proibição bíblica de assim proceder. Por isso, fundamentado no princípio paulino: "A fé que você tem, guarde-a para você mesmo diante de Deus" (Rm 14.22), pergunto: por que não permitir que se ofereçam as primícias como uma oferta distinta, voluntária e adicional, como expressão ainda maior de honra?

No Antigo Testamento, os dízimos e as primícias eram ofertas distintas e complementares. Curiosamente, os cristãos do primeiro século, segundo a Didaquê, continuaram praticando a oferta de primícias (em geral, destinadas aos profetas e líderes cristãos), ainda que já estivessem sob a Nova Aliança.

Os sacerdotes do Antigo Testamento eram sustentados pelos dízimos, mas eram honrados com as primícias. No Novo Testamento, os ministros são sustentados por meio de salários (2Co 11.8; 1Tm 5.17), mas a honra aos que ministram a Palavra continua sendo ensinada (Gl 6.6), embora não haja uma ligação obrigatória com a prática das primícias. Portanto, o fato de não podermos impor a oferta de primícias como mandamento não significa que sua prática esteja revogada ou anulada, nem que seja uma quebra de outros princípios da Nova Aliança.

Se não estamos mais vinculados à Antiga Aliança nem obrigados a seguir à risca a lei mosaica, como, então, podemos praticar as primícias hoje? Existe um único modelo? Deve sempre ser entregue de forma exclusiva aos ministros?

Primeiro dia de salário

Em nossa igreja local, não ensinamos a oferta de primícias como obrigatória, mas eu mesmo a pratico separadamente do dízimo e das ofertas, e deixo aos demais total liberdade para seguirem ou não o mesmo caminho.

Considerando o contexto atual, em que a maioria das pessoas recebe salários mensais, há um consenso razoável entre aqueles que adotam essa prática: ofertar 1/30 do salário, representando o primeiro dia de trabalho do mês. Essa provavelmente é a forma mais comum de aplicação contemporânea do princípio das primícias, sendo a que pessoalmente pratico e aconselho.

No entanto, surge um desafio para profissionais com renda variável, como autônomos, vendedores, comerciantes e profissionais liberais. Para esses, o cálculo exato de 1/30 só seria possível ao final de um período de apuração de seus ganhos, o que deslocaria a entrega das primícias para o fim do ciclo de recebimentos, descaracterizando o aspecto da primazia.

Semelhantemente ao que era instruído no Antigo Testamento — quando ninguém podia usufruir dos frutos da colheita antes de separar as primícias (Lv 23.14) —, aconselho que trabalhadores com renda variável ofertem como primícia o primeiro ganho recebido no mês: o lucro da primeira venda, o pagamento da primeira comissão ou o primeiro serviço prestado. Ainda que, ao fim do mês, o valor não corresponda exatamente a 1/30, o essencial é preservar o princípio: entregar primeiro a porção que honra ao Senhor, antes de qualquer outra destinação. Já o dízimo, por sua vez, pode — e deve — ser calculado com exatidão, com base na totalidade dos ganhos do período.

Onde entregar

No Antigo Testamento, os sacerdotes recebiam as primícias da terra, dos animais e dos filhos resgatados. Embora essas ofertas não garantissem, por si sós, o sustento integral dos sacerdotes, expressavam honra. Além disso, os dízimos também lhes eram destinados — o que não ocorre mais na Nova Aliança, em que os ministros recebem salários.

Por isso, àqueles que me perguntam sobre o destino da oferta de primícias, minha orientação é simples: entreguem-na na mesma igreja local onde já entregam os dízimos e ofertas.

Lamentavelmente, em alguns círculos, as primícias foram descredibilizadas por terem sido aplicadas de forma legalista ou como prática obrigatória, gerando confusão entre princípio e preceito. Prefiro reconhecer com honestidade os limites do que as Escrituras afirmam, sem criar dogmas nem regras além do que a Palavra claramente estabelece. Não vejo respaldo bíblico para afirmar que primícias devem ser entregues de forma exclusiva aos ministros; tampouco vejo erro se alguém desejar fazê-lo, em reconhecimento e honra ao ministério da Palavra (Gl 6.6).

Na prática de nossa igreja, por exemplo, as ofertas de primícias, devidamente identificadas nos envelopes de contribuição, são destinadas a um fundo sacerdotal, voltado ao auxílio de ministros locais, missionários e obreiros de outras igrejas. Porém entendo que a administração e aplicação das primícias devem ser definidas pela liderança de cada igreja, conforme sua direção e governo.

O que não podemos perder de vista é o seguinte: o princípio das primícias permanece válido, aplicável e profundamente abençoador nos dias de hoje. Quanto ao ensino e às orientações acerca do formato de praticá-las, penso que as lideranças das igrejas podem especificar isso em sua própria localidade.

3

O SACO FURADO

Não darei nenhum valor a qualquer coisa que
eu tenha ou venha a possuir,
a não ser que tenham valor para o Reino de Cristo.

DAVID LIVINGSTONE

Quando eu ainda era menino, certa vez saí com uma quantia em dinheiro, a pedido de minha mãe, para fazer uma compra no supermercado. Guardei o dinheiro no bolso, contando com ele para pagar as compras. No entanto, ao chegar ao caixa, percebi que o dinheiro havia desaparecido. Revirei os bolsos repetidamente, em vão — foi então que percebi que havia um pequeno furo em um dos cantos do bolso.

Como é frustrante contar com recursos e, no momento em que mais se precisa deles, descobrir que já não estão lá! Essa ilustração simples representa bem o que ocorre com aqueles que não colocam Deus em primeiro lugar em suas vidas — em especial na área financeira.

A Palavra de Deus revela que uma das principais razões da escassez e da ausência de prosperidade financeira está enraizada no egoísmo e na insensibilidade em relação à casa e ao reino do Senhor. Se, por um lado, a prática da lei das primícias conduz à bênção ao darmos prioridade ao

Senhor, por outro, colocá-lo em último lugar — como algo secundário em nossas prioridades — produz o efeito contrário: maldição.

Infelizmente, esse tem sido o drama de muitos cristãos em nossos dias. O verdadeiro problema não está na falta de oração por prosperidade, mas na inversão de valores que permeia a forma como lidam com o dinheiro e os bens materiais.

Os dias de Ageu

Nos dias do profeta Ageu, o povo de Israel, recém-saído do cativeiro babilônico, mostrava-se completamente desmotivado quanto à reconstrução do templo do Senhor. Enquanto edificavam suas próprias casas e buscavam conforto pessoal, negligenciavam sua responsabilidade espiritual. O Senhor, então, dirigiu-lhes uma severa repreensão:

> — Assim diz o SENHOR dos Exércitos: Este povo diz: "Ainda não chegou o tempo, o tempo em que a Casa do SENHOR deve ser reconstruída".
>
> Por isso, a palavra do SENHOR veio por meio do profeta Ageu, dizendo:
>
> — Acaso é tempo de vocês morarem em casas luxuosas, enquanto este templo permanece em ruínas?
>
> Ageu 1.2-4

Muitos vivem, ainda hoje, nesse mesmo padrão. Estão inteiramente voltados aos próprios interesses, buscando conforto e estabilidade, mas indiferentes ao serviço ao Senhor e ao seu reino. Trabalham sem descanso por sua segurança pessoal, mas não se dispõem a investir no que é eterno.

Contudo, enquanto seguimos absorvidos por nossas prioridades egoístas, o Senhor espera algo diferente de nós. A palavra profética foi clara:

> Vão até o monte, tragam madeira e reconstruam o templo. Dele me agradarei e serei glorificado, diz o SENHOR.
>
> Ageu 1.8

O Senhor censurou o povo por sua inversão de valores. Revelou que a razão de sua escassez e do desaparecimento de suas provisões estava diretamente ligada à negligência quanto à obra dele. Porque deixaram de priorizá-lo, foram disciplinados por meio de perdas e frustrações.

> Tendes semeado muito, e recolhido pouco; comeis, porém não vos fartais; bebeis, porém não vos saciais; vesti-vos, mas ninguém fica quente; e quem recebe salário, recebe-o para o meter num *saco furado*.
>
> Ageu 1.6, TB

Muito trabalho, pouco fruto. Esforço desproporcional aos resultados. Inexplicável insuficiência. Tudo isso descrevia a realidade daquele povo. A imagem do "saco furado" — ou "saquitel", em algumas traduções — retrata muito bem perdas financeiras misteriosas: mesmo aquilo que conseguiam guardar desaparecia como areia escorrendo por entre os dedos.

Tristemente, o mesmo ocorre hoje com muitas pessoas. Não se tratava ali de mera crise econômica, mas da ausência da bênção de Deus sobre o trabalho e as finanças. É essencial entender que existe uma enorme diferença entre conquistar algo com o simples esforço humano e obtê-lo sob a bênção de Deus. O salmista expressa bem essa verdade:

> Se o SENHOR não edificar a casa,
> em vão trabalham os que a edificam.
> Se o SENHOR não guardar a cidade,
> em vão vigia a sentinela.
> Será inútil levantar de madrugada, dormir tarde,
> comer o pão que conseguiram com tanto esforço;
> aos seus amados ele o dá enquanto dormem.
>
> Salmos 127.1-2

Embora o trabalho seja, sim, um meio legítimo de provisão, Deus nunca pretendeu que as pessoas confiassem apenas em sua força e produtividade. O esforço humano produz algum resultado, mas não alcança a plenitude da bênção do Altíssimo. É a mão de Deus que traz a verdadeira prosperidade.

Quando princípios espirituais são violados — como no caso do povo nos dias de Ageu —, não apenas se perde o acesso à bênção, mas também se atrai o efeito oposto: a maldição. O profeta Malaquias, contemporâneo de Ageu, também advertiu o povo a respeito da consequência dessas transgressões:

> Será que alguém pode roubar a Deus? Mas vocês estão me roubando e ainda perguntam: "Em que te roubamos?" Nos dízimos e nas ofertas. *Com maldição vocês são amaldiçoados*, porque estão me roubando, vocês, a nação toda.
>
> Malaquias 3.8-9

A maldição não deve ser interpretada como mera retaliação divina, mas como consequência inevitável da violação de princípios espirituais. Assim como a bênção flui de colocarmos Deus em primeiro lugar, a ausência dessa primazia resulta em escassez e frustração.

A prosperidade não é fruto só do esforço

O desejo de Deus não é julgar seu povo com maldição, mas abençoá-lo com suas provisões. As promessas nas Escrituras deixam isso muito claro:

> Trazei o dízimo todo à casa do tesouro, para que haja mantimento na minha casa, e provai-me nisto, diz Jeová dos Exércitos, se não vos abrir eu as janelas do céu, e não derramar sobre vós uma bênção até que não haja mais lugar para a recolherdes.
>
> Malaquias 3.10, TB

Mais uma vez, é fundamental compreendermos que a verdadeira prosperidade não é simplesmente o produto do esforço humano, mas sim o resultado da bênção de Deus. Já na lei mosaica, o Senhor advertiu seu povo a não confiar na própria força como se a prosperidade fosse conquista exclusiva de seu trabalho:

> Guarda-te para que te não esqueças do SENHOR, teu Deus, não guardando os seus mandamentos, e os seus juízos, e os seus estatutos, que hoje te ordeno; para que, porventura, havendo tu comido, e estando farto, e havendo edificado boas casas, e habitando-as, e se tiverem aumentado as tuas vacas e as tuas ovelhas, e se acrescentar a prata e o ouro, e se multiplicar tudo quanto tens, se *não eleve o teu coração, e te esqueças do SENHOR, teu Deus*, que te tirou da terra do Egito, da casa da servidão.
>
> Deuteronômio 8.11-14, ARC

> Portanto, não pensem: "*A minha força e o poder do meu braço* me conseguiram estas riquezas". Pelo contrário, lembrem-se do SENHOR, seu Deus, porque é ele quem lhes *dá força para conseguir riquezas*; para confirmar a sua aliança, que, sob juramento, prometeu aos pais de vocês, como hoje se vê.
>
> Deuteronômio 8.17-18

O povo de Deus jamais deveria supor que prosperou por mérito próprio a ponto de esquecer-se do Senhor. Pelo contrário, cada um deveria reconhecer a mão de Deus em sua prosperidade e ser grato por isso. No caso de se afastarem dele, o próprio Deus usaria a perda dessa bênção como forma de chamar seu povo de volta.

O Senhor sempre disciplina aqueles a quem ama. Não com o objetivo de prejudicá-los, mas justamente para conduzi-los ao caminho certo e ao melhor que ele tem. Foi exatamente o que aconteceu nos dias de Ageu, como podemos perceber nas palavras do próprio Deus:

> Então Ageu continuou:
>
> — Assim é este povo, e assim é esta nação diante de mim, diz o SENHOR. Assim é toda a obra das suas mãos, e o que ali oferecem: tudo é impuro. Agora considerem tudo o que aconteceu desde aquele dia. Antes de vocês terem começado a colocar pedra sobre pedra no templo do SENHOR, antes daquele tempo, alguém vinha a um monte de trigo esperando encontrar vinte medidas, e havia somente dez; vinha ao lagar para tirar cinquenta medidas, e havia somente vinte. *Eu os feri* com queimaduras, com ferrugem, com granizo, em tudo o que vocês fizeram; *mas não houve, entre vocês, quem voltasse para mim, diz o SENHOR*.
>
> — Por isso, desde o dia de hoje, desde o vigésimo quarto dia do nono mês, desde o dia em que foram lançados os alicerces do templo do SENHOR, considerem no seguinte: Ainda há sementes no celeiro? Além disso, a videira, a figueira, a romãzeira e a oliveira não têm dado os seus frutos. Mas, *de hoje em diante, eu abençoarei vocês*.
>
> Ageu 2.14-19

A escassez que assolava o povo não era fruto de meras circunstâncias econômicas, mas consequência direta de terem negligenciado os princípios espirituais. O trigo não rendia o esperado, as colheitas fracassavam, as perdas eram contínuas e os recursos se esvaíam. Porém, quando decidiram retomar a obra do Senhor, a bênção voltou a se manifestar. O próprio Deus prometeu abençoá-los a partir daquele exato dia em que priorizaram seu reino.

A insuficiência estabeleceu-se como uma maldição na vida dos israelitas. O estoque de grãos se dissipava antes de ser consumido. Toda sorte de empecilhos à prosperidade instalou-se, impedindo, assim, a bênção financeira.

O problema de Israel resumia-se a uma única raiz: o egoísmo, fruto da indiferença para com Deus. E essa não é uma dificuldade exclusiva de tempos antigos. Ainda hoje, muitos cristãos estão aprisionados em um ciclo de autossuficiência e vivem apenas em função de seus próprios interesses. Recusam-se a investir no reino de Deus, buscando reter para si mesmos os recursos que poderiam ser consagrados à obra do Senhor.

Foi exatamente essa postura egoísta que motivou o erro fatal de Ananias e Safira, conforme relatado em Atos 5.1-11: mesmo contribuindo, seu coração estava preso a interesses pessoais. E Deus não pode abençoar tal atitude!

O reino de Deus em primeiro lugar

O princípio da bênção associada à nossa atitude em relação às coisas de Deus não é uma imposição injusta sobre nós. Alguns acreditam que Deus e seus ministros tentam nos coagir com ameaças de dificuldades financeiras a fim de nos forçar a contribuir. No entanto, ao instituir esse princípio, o Senhor o fez visando nosso próprio bem. Quando ofertamos a Deus, quebramos as cadeias do egoísmo e da avareza, tornando-nos então alvos da sua bênção.

Jesus ensinou a não andarmos ansiosos quanto ao comer, beber ou vestir (Mt 6.25). Não porque essas coisas não sejam importantes, mas porque o caminho para recebê-las não é através da ansiedade ou do esforço isolado, e sim da aplicação dos princípios espirituais corretos. Isso requer uma mudança em nossas prioridades e valores: "Mas busquem em primeiro lugar o Reino de Deus e a sua justiça, e todas estas coisas lhes serão acrescentadas" (Mt 6.33). Quando colocamos o reino de Deus em primeiro lugar e nos interessamos por suas coisas, vemos o próprio Deus interessar-se por tudo o que nos diz respeito.

Os abalos de Deus

Você já ouviu falar dos abalos de Deus?

São momentos em que Deus permite que nossa vida seja sacudida, a fim de remover o que é passageiro e frágil, para que permaneça somente aquilo que é eterno e firme. O autor de Hebreus foi inspirado a escrever sobre esse princípio:

> Tenham cuidado e não se recusem a ouvir aquele que fala. Pois, se os que se recusaram a ouvir quem divinamente os advertia na terra não escaparam, muito menos escaparemos nós, se nos desviarmos daquele que dos céus nos adverte. Naquele tempo, a voz dele abalou a terra, mas agora ele promete, dizendo: "Mais uma vez eu farei tremer não só a terra, mas também o céu". Ora, as palavras "mais uma vez" significam *a remoção dessas coisas abaladas*, ou seja, das coisas criadas, *para que permaneçam as coisas que não podem ser abaladas.*
>
> Por isso, recebendo nós um Reino inabalável, retenhamos a graça, pela qual sirvamos a Deus de modo agradável, com reverência e temor. Porque o nosso Deus é fogo consumidor.
>
> Hebreus 12.25-29

Perceba que não se trata de Deus recompensar os fiéis com esses abalos, mas sim de uma disciplina para aqueles que rejeitam sua Palavra. O salmista também descreve esse agir corretivo:

> Deus [...] liberta os cativos e *lhes dá prosperidade;*
> só os rebeldes habitam em terra estéril.
>
> Salmos 68.6b

O tratamento de Deus recai sobre as áreas de nossa vida em que ainda não estamos alinhados à sua vontade. A Bíblia é clara ao apresentar Deus trazendo abalos — tanto físicos quanto simbólicos. O texto não apenas se refere a terremotos literais, mas também representa perdas e instabilidades que não são meras consequências naturais, e sim correções divinas.

Ageu foi o primeiro profeta a levantar a voz em Israel após o retorno do exílio babilônico. A reconstrução do templo havia sido interrompida e permaneceu estagnada por cerca de quinze anos. Enquanto o povo edificava suas próprias casas com esmero, negligenciava a casa do Senhor. Foi então que Deus enviou sua palavra de repreensão alertando que, enquanto eles não se importassem com o estado de sua casa, ele prosseguiria abalando a vida financeira deles:

> Vocês esperavam que fosse muito, mas o que veio foi pouco, e esse pouco, quando o levaram para casa, eu o dissipei com um sopro. E por quê? — pergunta

> o SENHOR dos Exércitos. Porque o meu templo permanece em ruínas, enquanto cada um de vocês corre por causa de sua própria casa. Por isso, os céus retêm o seu orvalho, e a terra não produz os seus frutos. Fiz vir a seca sobre a terra e sobre os montes, sobre o cereal, sobre o vinho, sobre o azeite, sobre o que o solo produz, sobre as pessoas, sobre os animais e sobre todo trabalho das mãos.
>
> Ageu 1.9-11

É desconcertante vermos o próprio Deus afirmar que dissipou o fruto do trabalho de seu povo, enviando seca e impedindo a produção agrícola. Isso contrasta com a imagem parcial e limitada de Deus apresentada em algumas pregações de prosperidade. Entretanto, o motivo do agir divino era claro: tratar o egoísmo do povo, que havia abandonado a edificação de sua casa.

O escritor de Hebreus enfatiza que os abalos servem para remover o que é passageiro e fazer permanecer o que é eterno. Ou seja, Deus permite que o natural seja abalado a fim de restaurar as prioridades corretas em nosso interior e reconstruir nossas vidas com fundamentos espirituais sólidos. O que construímos apenas para nós mesmos desmoronará; somente o que edificarmos para Deus permanecerá.

Essa dinâmica espiritual não mudou. Assim como nos dias de Ageu, quando negligenciamos o reino de Deus em favor de nossos próprios interesses, atraímos para nós mesmos não apenas a ausência da bênção, mas também a disciplina divina. Contudo, quando colocamos o Senhor em primeiro lugar, sua bênção flui com abundância. Ou seja, há momentos em que é somente quando Deus abala as coisas naturais na vida do seu povo que as coisas espirituais podem assumir o devido lugar. Enquanto o povo permanecia centrado em si mesmo, negligenciando a restauração da casa do Senhor, o Altíssimo, por meio de seus abalos, recuperou a atenção e o serviço de Israel de forma muito especial.

O autor de Hebreus, ao declarar que as coisas abaláveis seriam removidas, também enfatizou que permaneceriam as inabaláveis. E acrescentou: "Recebemos um Reino inabalável!" (Hb 12.28). Assim, quando sufocamos as prioridades espirituais por estarmos demasiadamente ocupados com as naturais, Deus pode abalar aquilo que é passageiro a fim de que, com a queda dessas estruturas temporais, permaneça apenas o que é eterno e espiritual. É a partir desse ponto que nossa reconstrução pode então se iniciar.

Não há sentido em edificarmos unicamente para nós mesmos. Devemos edificar para o Senhor em nossa vida. Pois, quando os abalos de Deus vierem — e eles virão —, permanecerá apenas aquilo que foi construído sobre o fundamento eterno. Tudo o que for apenas humano desmoronará. Jesus, em Lucas 14.28-30, comparou a vida cristã à edificação de uma torre, revelando que também edificamos no plano espiritual. Ou seja, quando estamos sufocando as coisas espirituais por uma dedicação voltada somente ao que é natural, Deus pode fazer tremer o que é abalável, o natural, para que, com a queda dessas coisas, permaneça em nossa vida apenas aquilo que é espiritual, e então a nossa reconstrução poderá começar a partir desse ponto.

Tenho visto isso não apenas em minha própria vida e ministério, mas também ao acompanhar diversas igrejas e pastores. Tal como ocorreu nos dias de Ageu, quando negligenciamos as coisas de Deus para buscar apenas nossos próprios interesses, o Senhor não apenas deixa de se comprometer em nos abençoar, como também pode nos julgar e disciplinar. Afinal, a responsabilidade de edificar o reino de Deus é nossa. Contudo, quando corrigimos nossa postura e colocamos o Senhor em primeiro lugar, tudo muda. A bênção e a provisão divina passam a fluir de forma milagrosa e abundante.

Por que Deus estava sacudindo as finanças do seu povo após o exílio babilônico? Porque os israelitas haviam se tornado egoístas e descomprometidos com o reino de Deus. O propósito dos abalos era realinhar o coração do povo, levando-os de volta à edificação da casa do Senhor. Assim que compreenderam essa correção divina e obedeceram, renovados na promessa de que seriam novamente prosperados, dispuseram-se a obedecer com alegria.

Deus não desejava destruir seu povo, mas trazê-los de volta à obediência. Quando o povo entendeu a finalidade dos abalos — fazê-los priorizar a reconstrução da casa do Senhor —, dispuseram-se a obedecer, confiantes na promessa de prosperidade que se seguiria. Ageu profetizou:

> Pois assim diz o SENHOR dos Exércitos: Daqui a pouco, mais uma vez eu farei tremer o céu, a terra, o mar e a terra seca. Farei tremer todas as nações, e serão trazidas as coisas preciosas de todas as nações, e encherei este templo de glória, diz o SENHOR dos Exércitos. Minha é a prata, meu é o ouro, diz o SENHOR dos Exércitos. A glória deste novo templo será maior do que a do primeiro, diz o SENHOR dos Exércitos; e neste lugar darei a paz, diz o SENHOR dos Exércitos.
>
> Ageu 2.6-9

O Senhor jamais está contra seu povo. Seus abalos são corretivos, não destrutivos. A partir do momento em que o povo voltou a obedecer-lhe, a bênção foi restaurada.

Hebreus nos exorta a retermos a graça (Hb 12.28), em vez de desperdiçá-la, em meio aos abalos divinos. Quando somos corrigidos, devemos responder com obediência, mudança de atitude e ajuste de valores. Essa disposição de arrependimento e realinhamento resultará em restauração e na bênção do Senhor.

Embora os abalos sejam dolorosos, são expressões do amor de Deus por nós. Sem eles, muitos jamais se voltariam à sua vontade. Quando endurecemos o coração e resistimos à sua correção, os abalos se intensificam na proporção de nossa resistência. O "saco furado" em nossa vida financeira — e em tantas outras áreas — é resultado direto de não darmos a Deus a primazia.

Quando somos abalados pelo tratamento divino, nossa resposta deve ser de obediência e mudança de mente e atitude. Ao obedecermos, a disciplina cede lugar à bênção do Senhor. Ainda que Deus tenha abalado a vida financeira de Israel, ele o fez apenas até que o povo voltasse a priorizar o reino de Deus. O Altíssimo abalou o que era abalável a fim de que permanecesse aquilo que é inabalável.

Talvez sua vida esteja passando por esses abalos divinos, e você não saiba o que fazer. Na verdade, não há muito o que ser feito quando os abalos de Deus chegam, exceto permanecer firme e, então, reconstruir a partir do que restou. É justamente nesse lugar de realinhamento que Deus deseja trabalhar nossos valores, conduzindo-nos a colocar seu reino em primeiro lugar. Quando isso acontece, o processo se inverte: ele passa a nos abençoar e nos conduz à reconstrução daquilo que ruiu — mas, agora, com alicerces renovados.

Para muitos, é difícil discernir a ação de Deus em meio ao colapso geral de certas áreas da vida. Naturalmente, não estamos falando aqui do ideal de Deus para nós, e sim de correção. A disciplina, porém, visa nos conduzir ao arrependimento e aos ajustes necessários que, por sua vez, nos devolverão ao melhor de Deus. O plano divino sempre foi e sempre será nos abençoar e fazer o melhor por nós — mas jamais à custa do lugar de primazia que pertence a ele.

Creio que o Pai sempre preferiria não ter de recorrer aos abalos para nos tratar; no entanto, diante da dureza de nossos corações, muitas vezes essa é a forma que ele utiliza para nos conduzir de volta à sua vontade. E essa intervenção só evidencia ainda mais seu amor por nós. Não haveria abalos corretivos se não houvesse desvios de nossa parte. Os abalos sempre surgem quando há desajustes em nossa forma de agir. E a intensidade deles será proporcional à gravidade da nossa distorção de valores ou da nossa resistência ao Senhor e ao seu plano. Nunca será mais nem menos do que o necessário.

O "saco furado" em nossa vida financeira é, na verdade, o reflexo da quebra da lei das primícias; é o resultado de nos colocarmos acima de Deus, em vez de darmos a ele a primazia. Se o Senhor ocupar o primeiro lugar, seremos abençoados; mas, se o desonrarmos, seremos corrigidos. Portanto, já é tempo de ajustar nossa postura — não apenas no que diz respeito a investir na obra de Deus, mas na maneira como, por meio disso, expressamos honra a ele.

Lembre-se: Deus honra os que o honram; porém, aqueles que o desprezam, ele também desprezará (1Sm 2.30).

4

A QUESTÃO DO DINHEIRO

O uso dos bens materiais é um teste de caráter.
Aqueles que não podem usá-los com sabedoria
não merecem ter responsabilidades espirituais.

D. L. MOODY

O que a Bíblia nos ensina acerca do dinheiro? Muitos crentes não percebem a importância desse assunto nem reconhecem a necessidade de um ensino bíblico sólido nessa área. De fato, em muitas igrejas, falar sobre dinheiro ainda provoca desconforto e certa resistência.

Mas como ignorar um tema tão recorrente nas Escrituras? Quase metade das parábolas de Cristo fazem menção ao dinheiro. Além do próprio Senhor Jesus, vemos os apóstolos ensinando, corrigindo e exortando os crentes quanto à maneira de lidar com bens materiais. Esse, sem dúvida, não é um assunto sem importância. Pelo contrário, as Escrituras falam sobre dinheiro, posses e riquezas com mais frequência do que sobre muitos temas considerados essenciais à vida cristã. Howard Dayton, no livro *O seu dinheiro*, observa que há na Bíblia 2.350 versículos tratando de dinheiro, bens e posses.[1]

[1] Howard Dayton, *O seu dinheiro: Um guia bíblico para ganhar, gastar, economizar, investir, contribuir e livrar-se das dívidas* (Pompeia, SP: Universidade da Família, 2002), p. 9.

É preciso compreender que o problema não está no dinheiro em si, mas na nossa relação com ele. Tudo depende da disposição e das inclinações do coração. O apóstolo Paulo, ao tratar do tema, utiliza expressões como "tentação" e "laço", deixando claro o perigo envolvido nessa área. Ele ainda acrescenta que há "concupiscências loucas e nocivas" associadas ao desejo desenfreado pelas riquezas (1Tm 6.9-10). Ou seja, não se pode ignorar os riscos de uma relação distorcida com os bens materiais. Contudo, não devemos fazer do dinheiro ou das posses os vilões da história. O verdadeiro problema não está do lado de fora; ele habita o interior do coração humano.

Uma maneira segura de entender o propósito divino para qualquer área da vida é voltar à sua origem. O próprio Cristo usou esse método. Quando interrogado pelos fariseus sobre o casamento, Jesus respondeu levando-os de volta ao princípio, à criação de Adão e Eva:

> Vocês não leram que *o Criador, desde o princípio,* os fez homem e mulher e que disse: "Por isso o homem deixará o seu pai e a sua mãe e se unirá à sua mulher, tornando-se os dois uma só carne"? De modo que já não são mais dois, porém uma só carne. Portanto, que ninguém separe o que Deus ajuntou.
>
> Mateus 19.4-6

Cristo não fundamentou sua resposta no caos instaurado pela queda, mas no plano original de Deus. Da mesma forma, para discutir a relação entre o cristão e as coisas materiais, devemos examinar o propósito original de Deus na criação. Nesse sentido, A. W. Tozer, com sua reconhecida lucidez, escreve em *A busca de Deus*:

> Antes de criar o homem sobre a terra, primeiro o Senhor Deus preparou sua chegada criando um mundo de coisas úteis e agradáveis para seu sustento e deleite. No relato da Criação em Gênesis, tudo isso é tratado como "coisas". Elas foram feitas para o proveito do homem, mas sempre se pretendeu que lhe fossem exteriores e subordinadas a ele. No fundo do coração do homem, havia um santuário onde somente Deus era digno de entrar. Em seu interior, havia Deus; fora dele, mil presentes com que Deus generosamente o fartara.
>
> Mas o pecado introduziu complicações e converteu esses mesmos presentes de Deus em fonte potencial de ruína para a alma.

O nosso infortúnio começou quando Deus foi expulso de seu santuário central e as "coisas" receberam permissão para entrar. No íntimo do coração humano, elas assumiram o comando. Agora os seres humanos, por natureza, não têm paz alguma no coração, pois Deus não está mais entronizado nele. Ali, em penumbra moral, usurpadores obstinados e agressivos lutam entre si pela primazia sobre o trono.

Não se trata de simples metáfora, mas de uma análise acurada do nosso verdadeiro problema espiritual. Há no interior do coração humano uma rija raiz de vida decaída cuja natureza consiste em possuir, sempre possuir. Ela ambiciona "coisas" com paixão profunda e feroz. Os pronomes "meu" e "minha" parecem bastante inocentes quando impressos, mas seu uso constante e universal é significativo. Eles expressam a verdadeira natureza do velho homem adâmico melhor do que mil volumes de teologia seriam capazes de dar a conhecer. São sintomas verbais de nossa enfermidade profunda. As raízes do nosso coração se aprofundaram e se transformaram em coisas, e não ousamos arrancar nem uma radícula a fim de que não morramos. As coisas se tornaram necessárias para nós, um desdobramento que originariamente jamais se pretendeu. Os presentes de Deus agora ocupam o lugar de Deus, e todo o curso da natureza está transtornado por essa substituição monstruosa.[2]

O materialismo, portanto, apresenta-se como um concorrente direto do senhorio de Cristo em nosso coração. Embora o dinheiro não seja, em si mesmo, algo maligno, é evidente que pode assumir um lugar que não lhe pertence — e, quando isso acontece, a ruína é inevitável. Por isso, é fundamental detectarmos o verdadeiro inimigo, que, repito, não está do lado de fora, mas reside dentro de nós.

O dinheiro pode se tornar um ídolo

Paulo mostrou que até mesmo os cristãos estão sujeitos a levantar ídolos em seu coração — ainda que esses não sejam, necessariamente, figuras esculpidas ou visíveis. Não se trata de estátuas de gesso, metal ou madeira; trata-se de algo mais sutil e perigoso: ídolos ocultos, alojados no interior do ser humano. O próprio Deus denunciou essa realidade por meio do profeta

[2] A. W. Tozer, *Em busca de Deus: Minha alma anseia por ti*, org. James L. Snyder (São Paulo: Vida, 2017), p. 31-32.

Ezequiel: "Filho do homem, estes homens levantaram ídolos dentro de seu coração e puseram diante de si o tropeço que os leva a cair em iniquidade" (Ez 14.3). Timothy Keller, em seu livro *Deuses falsos*, comenta esse versículo:

> [...] o coração humano toma coisas boas, como uma carreira profissional bem-sucedida, o amor, os bens materiais e até a família e os converte em coisas essenciais. Nosso coração as endeusa como o centro de nossa vida, porque, conforme pensamos, elas são capazes de nos dar significado e segurança, proteção e realização, se as alcançarmos.[3]

Em outras palavras, não é preciso haver um ídolo literal fora de nós; basta que exista um dentro do coração. Estevão, em seu discurso diante do sinédrio, destacou que os israelitas, ainda durante a peregrinação, "em seu coração voltaram ao Egito" (At 7.39). Não regressaram fisicamente ao Egito, mas interiormente, sim. Assim também ocorre conosco: o coração pode se desviar mesmo que externamente estejamos servindo a Deus.

A avareza, a ganância e o apego desmedido aos bens materiais são muito bem classificados nas Escrituras como formas de idolatria. O apóstolo Paulo assim o afirma:

> Portanto, façam morrer tudo o que pertence à natureza terrena: imoralidade sexual, impureza, paixões, maus desejos *e a avareza, que é idolatria*; por causa destas coisas é que vem a ira de Deus sobre os filhos da desobediência.
>
> Colossenses 3.5-6

O Senhor Jesus também advertiu que aquilo que é elevado entre os homens torna-se abominação diante de Deus (Lc 16.13-15). Ele fez tal declaração justamente ao denunciar a ganância dos fariseus. Muitos atribuem tanto valor ao dinheiro e às coisas materiais, que, aos olhos do Senhor, tais bens se tornam verdadeiros deuses aos quais se prostram em adoração.

Timothy Keller descreve essa realidade com profundidade:

> Para pessoas contemporâneas, a palavra *idolatria* remete a imagens de povos primitivos curvados diante de estátuas. O livro bíblico de Atos, no Novo Testamento, contém descrições vívidas de culturas do antigo mundo

[3] Timothy Keller, *Deuses falsos: As promessas vazias do dinheiro, sexo e poder, e a única esperança que realmente importa* (São Paulo: Vida Nova, 2018), p. 16.

greco-romano. Cada cidade adorava suas divindades prediletas e construía santuários em torno das imagens delas para adoração. Quando foi para Atenas, Paulo viu uma cidade literalmente repleta de imagens de divindades (At 17.16). O *Partenon* ateniense dominava a paisagem, mas outras divindades estavam representadas em espaços públicos. Havia Afrodite, a deusa da beleza; Ares, o deus da guerra; Ártemis, a deusa da fertilidade e da prosperidade; Hefesto, o deus da arte

Nossa sociedade contemporânea não difere muito dessas antigas. Cada cultura é dominada por um conjunto próprio de ídolos. Cada uma tem seu "sacerdócio", seus totens e rituais. Cada uma tem seus santuários — sejam torres de escritórios, sejam spas e academias de ginásticas, sejam estúdios, sejam estádios — onde sacrifícios devem ser oferecidos com o intuito de alcançar as bênçãos de uma boa vida e evitar desastres. O que são os deuses da beleza, do poder, do dinheiro e da realização, senão as mesmas coisas que assumiram dimensões míticas em nossa vida individual e em nossa sociedade? Talvez não dobremos os joelhos diante da estátua de Afrodite, mas muitas jovens hoje entram em depressão e enfrentam transtornos alimentares por causa de uma preocupação obsessiva com a imagem corporal. Podemos não queimar incenso a Ártemis, mas quando o dinheiro e a carreira profissional são elevados a proporções cósmicas, realizamos uma espécie de sacrifício de crianças, negligenciando a família e a comunidade para alcançar posição mais elevada nos negócios e obter mais riqueza e prestígio.[4]

O apóstolo Paulo, escrevendo aos filipenses, chega a dizer que havia alguns cujo "deus era o ventre" (Fp 3.19). Não seria exagero afirmar que, para muitos hoje, o "deus" é a carteira, o extrato bancário ou o investimento acumulado.

Keller ainda descreve com precisão as relações humanas com seus ídolos:

> A Bíblia usa três metáforas básicas para descrever como as pessoas se relacionam com os ídolos em seu coração. Elas *amam* os ídolos, *confiam* neles e lhes *obedecem*.[5]

Dessa forma, as Escrituras nos exortam a vigiar contra três armadilhas comuns na relação com o dinheiro:

[4] Ibid., p. 13-14.
[5] Ibid., p. 23.

1. *Amor*. A relação com Deus pressupõe a presença desse elemento. E ele é tão importante que foi classificado por Jesus como o maior mandamento (Mc 12.30). Entender e praticar o amor ao Senhor, com total dedicação, é parte da essência da relação do homem com seu Criador. Porém o mesmo pode acontecer com o dinheiro, dando-lhe, portanto, status de ídolo.
2. *Confiança*. A tentação de colocar nossa segurança nos bens materiais é real e perigosa. Quando a confiança que deveria ser depositada em Deus recai sobre aquilo que é terreno, criamos um falso fundamento. Dinheiro não é digno de nossa confiança suprema.
3. *Obediência*. Cristo advertiu que o dinheiro pode se tornar um "senhor" (Mt 6.24), exigindo submissão. Quando ele governa nossas decisões, desejos e prioridades, o senhorio de Cristo fica comprometido.

Tendo isso em vista, prossigamos analisando, com maior profundidade, cada uma dessas áreas e como o coração do homem pode ser seduzido, desviando-se do verdadeiro culto a Deus.

Amor ao dinheiro

A Bíblia fala bastante sobre a relação do crente com o dinheiro. Não que o dinheiro, em si, seja o problema, pois as Escrituras são claras ao afirmar que "o amor ao dinheiro é a raiz de todos os males" (1Tm 6.10). Ainda assim, há quem o demonize, atribuindo a ele, por si só, o papel de vilão. Particularmente, não compartilho dessa visão.

Não nego que exista uma atuação maligna por trás do sistema e da cultura mundanos. Jesus, ao referir-se a Mamom, revelou essa dimensão espiritual (Lc 16.10-13). Por outro lado, Tiago nos adverte: "cada um é tentado pela sua própria cobiça, quando esta o atrai e seduz" (Tg 1.14). Ou seja, a raiz do problema não reside apenas em uma influência externa espiritual, mas também na inclinação pecaminosa do coração humano, que tende naturalmente à cobiça.

Podemos entender essa dinâmica ao observar outras áreas da luta humana, como a sexualidade. Ainda que exista influência maligna sobre essa esfera, não podemos demonizar o sexo. A questão é quem o usa, como o usa e com quais motivações. O sexo foi criado por Deus e, em seu contexto correto — o matrimônio —, é bênção e santidade; mas, quando distorcido, torna-se imoralidade. Logo, a classificação de santo ou imundo não é uma etiqueta a ser colocada sobre o sexo em si, mas sim sobre *como* alguém se utiliza dele.

No assunto da comida, podemos fazer afirmações semelhantes. Foi o próprio Deus quem criou tanto o sistema digestivo do corpo humano quanto os alimentos. Por essa razão, o apóstolo Paulo escreveu: "Os alimentos são para o estômago, e o estômago existe para os alimentos" (1Co 6.13). No entanto, a bênção da provisão e do sustento divinos pode ser distorcida pelo pecado da gula e da falta de domínio próprio. Seria, portanto, absurdo culpar os alimentos pelos excessos e desordens praticados nessa área, pois o problema não está na comida, e sim na forma como o homem decide comer.

Assim como ocorre com o sexo e a comida — que, embora sejam áreas nas quais o ser humano pode tropeçar, não são pecaminosas em si mesmas —, também o dinheiro, por si só, não é o problema. A questão central, claramente diagnosticado nas Escrituras, não está no dinheiro, mas na relação do coração com ele; trata-se do *amor* ao dinheiro. Como bem pontuou o apóstolo Paulo:

> Mas os que querem ficar ricos caem em tentação, em armadilhas e em muitos desejos insensatos e nocivos, que levam as pessoas a se afundar na ruína e na perdição. Porque *o amor ao dinheiro* é a raiz de todos os males; e alguns, nessa cobiça, se desviaram da fé e atormentaram a si mesmos com muitas dores.
>
> 1Timóteo 6.9-10

Uma pessoa pode ser milionária e não ter amor algum ao dinheiro, enquanto outra pode ser pobre e, ainda assim, escrava da avareza e da ganância. A condição financeira não define a pureza do coração. Por isso, Deus, que sonda o íntimo do ser humano, exige honra justamente nessa área tão sensível.

Quero insistir nesta afirmação: o erro não está no fato de termos ou não termos dinheiro, e sim em como nos comportamos em relação a ele. A advertência bíblica é de não colocarmos o coração nas riquezas:

> [...] se as vossas riquezas aumentam,
> *não ponhais nelas o coração.*
>
> Salmos 62.10, ARC

O que as Escrituras nos ensinam é que não devemos ter o coração no dinheiro, que não devemos ter amor a ele. Não há nada errado no fato de uma pessoa ter dinheiro; errado é quando o dinheiro tem essa pessoa! Se o problema fosse o dinheiro, assume-se, então, que muitas pessoas não teriam esse problema justamente pela escassez de recursos financeiros.

Vivemos em uma era de consumismo desenfreado, na qual o desejo de ser e ter rege a conduta da sociedade. Como crentes, não estamos imunes a essa influência e, por isso, a Palavra de Deus nos adverte repetidas vezes sobre o perigo de sucumbirmos ao materialismo.

Permita-me apresentar, mais uma vez, a mesma advertência de Paulo em sua epístola a Timóteo. Dessa vez, o foco é outro; destaquei em itálico as palavras que indicam os prejuízos do materialismo na vida das pessoas:

> Mas os que querem ficar ricos caem em *tentação*, em *armadilhas* e em muitos *desejos insensatos e nocivos*, que levam as pessoas a se *afundar na ruína e na perdição*. Porque o amor ao dinheiro é a raiz de todos os males; e alguns, nessa cobiça, *se desviaram da fé* e *atormentaram a si mesmos* com *muitas dores*.
>
> 1Timóteo 6.9-10

Observe o perigo supremo destacado por Paulo: "se desviaram da fé". Perder bens materiais é trágico, mas perder a fé é a maior das tragédias. Infelizmente, muitas pessoas planejam sua vida dando pouca ou nenhuma atenção às implicações espirituais de suas escolhas financeiras. Na cultura mundana, a ganância e a cobiça têm falado com bastante força, e não é preciso muito para sermos afetados. Basta nos permitirmos ser levados pelo padrão da maioria.

A ganância é um veneno insaciável. Quanto mais se obtém, mais se deseja. Já vi essa neurose tomar conta de pessoas que, após adquirirem um bem, logo almejam um maior e melhor. E assim ocorre com bens, carros, casas, roupas, gadgets, eletrodomésticos — uma espiral interminável de desejo e insatisfação.

Salomão já havia diagnosticado essa patologia do coração humano:

> Quem *ama o dinheiro* jamais se fartará de dinheiro; e quem ama a abundância nunca ficará satisfeito com o que ganha. Também isto é vaidade.
>
> Eclesiastes 5.10

A ganância *sufoca* a ação da Palavra em nossa vida e pode, com efeito, extinguir a fé. Como resultado, muitos mergulham em dívidas insustentáveis, perdendo paz, saúde, honra e até mesmo a família e a alma.

O verdadeiro perigo não é o dinheiro em si, mas a influência que ele pode exercer, governando a vida do indivíduo. É sobre isso que Tozer nos adverte:

> Não pode existir dúvida de que o apego possessivo às coisas é um dos hábitos mais perniciosos da vida. Pelo fato de ser tão natural, raras vezes as pessoas o reconhecem pelo mal que é; todavia, suas consequências são trágicas.[6]

Assim, devemos estar atentos e vigilantes, guardando o coração contra o amor ao dinheiro. Não podemos permitir que aquilo que deveria ser servo torne-se senhor.

Onde está sua confiança?

Assim como o amor ao dinheiro, a *confiança* nos recursos materiais revela quando o dinheiro começa a assumir em nossos corações a posição de ídolo e senhor. Por isso, a Palavra de Deus é enfática ao nos advertir:

> Ensine aos ricos deste mundo que não se orgulhem *nem confiem em seu dinheiro*, que é incerto. *Sua confiança deve estar em Deus*, que provê ricamente tudo de que necessitamos para nossa satisfação.
>
> 1Timóteo 6.17, NVT

O apóstolo Paulo orienta os ricos a não depositarem sua esperança na instabilidade das riquezas, mas sim em Deus, o único provedor fiel e constante. Não é errado planejar e fazer provisões. Aliás, o próprio Deus inspirou José no Egito a estocar suprimentos durante o tempo das "vacas gordas", para enfrentar os anos de "vacas magras". O erro, contudo, acontece quando o planejamento substitui a dependência de Deus — quando a segurança é depositada no recurso armazenado, e não no Deus provedor.

Essa atitude, por exemplo, teve clara reprovação de Cristo quando ele falou acerca de não se deixar dominar por qualquer tipo de avareza e citou o exemplo de um homem rico o qual adjetivou como "louco" (Lc 12.15-21).

[6] Tozer, *Em busca de Deus*, p. 35.

O exemplo do rei Asa também ilustra essa armadilha. Em sua enfermidade, Asa confiou nos médicos, mas não recorreu ao Senhor (2Cr 16.12). Não há pecado em recorrer à medicina — afinal, Lucas é chamado de "o médico amado" (Cl 4.14), Paulo orienta Timóteo quanto ao uso medicinal de alimentos (1Tm 5.23), e até mesmo o profeta Ezequiel aponta para folhas com propriedades terapêuticas (Ez 47.12). O problema não é usar os recursos naturais, mas *substituir* a confiança que deve estar exclusivamente em Deus por uma confiança neles.

Deus advertiu por meio de Jeremias:

> Assim diz o SENHOR:
> "Maldito aquele que confia no ser humano,
> que faz da carne mortal o seu braço
> e *cujo coração se desvia do SENHOR*"!
>
> Jeremias 17.5

O erro não está na existência de confiança natural (como o marido que confia na esposa; ver Pv 31.11), mas sim em quando essa confiança desloca nosso coração do Senhor. O profeta Jeremias resumiu assim a atitude de alguém que troca a confiança no que é espiritual pelo natural: seu "coração se *desvia* do SENHOR".

A confiança, em especial daquele que serve a Deus, não pode estar nas *coisas materiais*. Caso contrário, haverá ruína:

> Quem *confia nas suas riquezas* cairá,
> mas os justos reverdecerão como as folhagens.
>
> Provérbios 11.28

O oposto também é verdadeiro. Podemos confiar em Deus a despeito das pessoas ou circunstâncias:

> Em Deus, cuja palavra eu exalto,
> *neste Deus ponho a minha confiança*
> e nada temerei.
> Que me pode fazer um mortal?
>
> Salmos 56.4

Portanto, nossa confiança deve estar sempre firmada no Senhor, nunca em recursos materiais, investimentos ou sistemas econômicos.

Quebrando o senhorio do dinheiro

Como já abordamos anteriormente, a forma errada de nos relacionarmos com o dinheiro disputa, dentro de nós, o lugar que pertence de forma exclusiva a Deus. Jesus advertiu:

> Ninguém pode servir a dois senhores; porque ou irá odiar um e amar o outro, ou irá se dedicar a um e desprezar o outro. Vocês *não podem servir a Deus e às riquezas*.
>
> Mateus 6.24

O dinheiro se torna senhor quando governa nossas decisões, paixões e prioridades. Por isso, as Escrituras nos ensinam a honrar a Deus justamente nessa área tão sensível — não porque Deus precise do dinheiro, mas para quebrarmos seu domínio sobre o coração. Ofertar é mais do que contribuir para uma necessidade: é declarar que o dinheiro está debaixo de nossos pés, que ele não tem governo sobre nossa vida e que Deus continua no trono.

Já vimos que Deus não está interessado em nosso dinheiro, mas na honra que lhe conferimos. Mas por que Deus pediria para ser honrado justamente com nossos bens? Qual a importância desse tipo específico de honra?

A honra distingue o Pai celestial e reconhece seu devido lugar de *senhorio*. Além disso, honrar a Deus com nossos bens subjuga o controle que a fascinação pelas riquezas tenta exercer sobre nós, colocando o dinheiro em seu devido lugar de *servidão*. O dinheiro jamais pode ser senhor em nossa vida; precisa ser servo!

Quando conseguimos honrar o Senhor nessa área em específico — uma das que mais domina e prende nosso coração —, estamos cumprindo o verdadeiro sentido da palavra "honrar", que é fazer distinção e colocá-lo acima de nossos maiores valores. Precisamos aprender a dar porque amamos mais a Deus do que a nossos bens, e não em razão da utilidade da oferta em si. Da mesma forma, devemos aprender a administrar a parte não doada de nossos recursos com essa mesma atitude: mantendo o Senhor numa posição exaltada e distinta em relação a tudo o que é material e financeiro.

Fico pensando qual seria minha reação se eu visse algum irmão na igreja queimando alguns maços de notas de cem reais durante um culto de adoração (por favor, não faça isso!). Contudo, o que Maria de Betânia fez foi algo semelhante. Ela não permitiu que se aproveitasse nem mesmo o vaso de alabastro! Não acredito que devemos cultivar uma atitude de desperdício, mas o fato é que precisamos aprender a dar, independentemente de haver ou não proveito prático para o dinheiro dado.

Ofertar com o único objetivo de afirmar a Deus que ele está muito acima da posição que o dinheiro ocupa em nossa vida já seria motivação suficiente para contribuirmos. Contudo, além de honrá-lo, o Senhor ainda permite que os recursos materiais sejam empregados no avanço de seu reino e resultem em bênçãos para aquele que dá. Sem dúvida, precisamos mudar nossa mentalidade a respeito desse assunto e assumir a ótica de Deus em relação às nossas ofertas. Essa postura de coração será profundamente abençoadora.

Gosto da figura encontrada em uma das formas de entrega das ofertas em Atos dos Apóstolos. As Escrituras afirmam que os irmãos não mais deixavam suas ofertas num gazofilácio, como antes se fazia no templo, mas agora as depositavam "aos pés dos apóstolos":

> Não havia nenhum necessitado entre eles, porque os que possuíam terras ou casas, vendendo-as, traziam os valores correspondentes e os *depositavam aos pés dos apóstolos*; então se distribuía a cada um conforme a sua necessidade.
>
> Então José, a quem os apóstolos chamavam de Barnabé, que quer dizer filho da consolação, um levita natural de Chipre, vendeu um campo que possuía, trouxe o dinheiro e o *depositou aos pés dos apóstolos*.
>
> Atos 4.34-37

> Entretanto, certo homem chamado Ananias, com sua mulher Safira, vendeu uma propriedade, mas reteve uma parte do dinheiro. E Safira estava ciente disso. Levando o restante, *depositou-o aos pés dos apóstolos*.
>
> Atos 5.1-2

Ao fazer essa observação, não estou sugerindo que tenhamos de mudar o lugar ou a forma como entregamos as contribuições em nossas igrejas, mas quero chamar atenção para um detalhe importante. Justamente na área financeira — que já demonstrei ser algo tão delicado — eles pareciam declarar, com esse ato, que o dinheiro não era senhor, mas servo; que estava sujeito a eles, debaixo de seus pés. É dessa visão que precisamos ser tomados!

Durante muito tempo, referi-me à declaração de João, em Apocalipse, de que "a rua da cidade era de ouro puro" (Ap 21.21), como uma referência à riqueza e à glória do céu. Hoje já não penso assim. Entendo que a mensagem é outra, muito diferente da que eu supunha. Creio que o significado a ser considerado é que, na Nova Jerusalém, o ouro — aquilo que tanto controla a vida dos homens aqui na terra, pelo qual as pessoas até matam umas às outras — só terá uma única finalidade: ser pisado. Ou seja, "ruas de ouro" não falam de ostentação na Cidade Santa, mas sim que o material deve estar debaixo de nossos pés, sem ocupar qualquer posição de valor ou importância.

Com essa mentalidade, o dinheiro não governará nossa vida. Pelo contrário, será governado por nós, assim como os atrativos que ele tenta trazer ao nosso coração. O dinheiro pode ser senhor ou servo em nossa vida. Isso dependerá exclusivamente do coração de cada um de nós!

A Palavra de Deus pode ser sufocada

Uma outra peculiaridade sobre o dinheiro — e os danos espirituais que ele pode causar — é revelada na parábola do semeador. Jesus descreveu a semente da Palavra de Deus caindo em quatro tipos de solos, sendo um deles o solo espinhoso: "Outra parte caiu entre os espinhos; e os espinhos cresceram e a sufocaram" (Mt 13.7).

No início, os espinhos não parecem ser uma ameaça à semente. O problema surge com o tempo, à medida que não são removidos. Conforme crescem, acabam por *sufocar* a planta, impedindo seu pleno desenvolvimento. Jesus mesmo interpretou essa figura:

> O que foi semeado entre os espinhos é o que ouve a palavra, porém as preocupações deste mundo e *a fascinação das riquezas sufocam a palavra*, e ela fica infrutífera.
>
> Mateus 13.22

Assim como o diabo tentou Jesus oferecendo os reinos e a glória deste mundo (Mt 4.8-10), ele também investe nessa área contra nós, sabendo quão nocivos podem ser o dinheiro e as riquezas quando passam a governar o coração.

Porém, da mesma forma gloriosa que Cristo venceu o maligno, rejeitando suas propostas, assim também devemos fugir dos atrativos das riquezas. Pois, quando essas são propostas pelo inimigo de nossa alma, nunca são para nosso benefício; são laços preparados pelo inimigo com astúcia para sufocar o potencial da Palavra em nossa vida, anulando sua eficácia e nos tornando espiritualmente infrutíferos.

O dinheiro também pode servir ao reino de Deus

Apesar de todos os perigos que temos visto, o dinheiro — quando colocado em seu devido lugar — *pode ser* poderoso instrumento de bênção, servindo ao avanço do reino de Deus. O segredo está na forma como nos relacionamos com ele: ou o dinheiro é nosso servo ou será nosso senhor.

O próprio ministério de Jesus foi sustentado financeiramente por pessoas que colocaram, de forma voluntária, seus bens a serviço do reino:

> Aconteceu, depois disso, que Jesus andava de cidade em cidade e de aldeia em aldeia, pregando e anunciando o evangelho do Reino de Deus. Iam com ele os doze discípulos, e também algumas mulheres que haviam sido curadas de espíritos malignos e de enfermidades: Maria, chamada Madalena, da qual saíram sete demônios; Joana, mulher de Cuza, procurador de Herodes; Suzana e muitas outras, as quais, *com os seus bens, ajudavam Jesus* e os seus discípulos.
>
> Lucas 8.1-3

O mesmo padrão se repetiu no ministério dos apóstolos. Embora muitas ofertas fossem espontâneas, houve momentos em que apelos mais contundentes foram feitos, dada a necessidade da obra. O autor de Hebreus elogiou a liberalidade dos crentes, mesmo diante de perdas significativas:

> Porque vocês não apenas se compadeceram dos encarcerados, mas também aceitaram com alegria *a espoliação dos seus bens*, porque sabiam que tinham um patrimônio superior e durável.
>
> Hebreus 10.34

O Dicionário Aurélio define o verbo "espoliar" da seguinte maneira: "Privar de alguma coisa ilegitimamente, por fraude ou violência; roubar, despojar, esbulhar".[7] De acordo com Strong, a palavra utilizada nos originais gregos é *harpagé* e significa: "o ato de saquear, roubo; saque, despojo".[8] O termo empregado denota o nível de desprendimento a que chegaram. Não foram forçados ou violentados, mas entregaram de bom grado, cientes de uma herança celestial superior. Vale destacar que esses irmãos hebreus *aceitaram com alegria* o espólio de seus bens. Eles não foram enganados nem forçados; concordaram com isso e não se arrependeram de sua decisão.

Não estou, com isso, fazendo apologia a práticas abusivas e manipulatórias — infelizmente, não tão incomuns em nossos dias — nas quais líderes impõem valores e pressionam os fiéis com coerção emocional ou espiritual. Não! A verdadeira contribuição é fruto de revelação, generosidade e amor voluntário.

Infelizmente, a igreja de nossos dias sofre de dois males nessa área: covardia e avareza. Covardia, por parte de muitos líderes que deixam de ensinar verdades bíblicas sobre finanças por medo de críticas, preferindo agradar aos homens a agradar a Deus. Eles se esquecem da firme palavra de Paulo: "Se eu ainda estivesse procurando agradar pessoas, não seria servo de Cristo" (Gl 1.10). E avareza, por parte de muitos membros que não desenvolvem um coração liberal e sacrificial. Em não poucos casos, até mesmo líderes dão um mau exemplo ao não praticarem eles mesmos a liberalidade que deveriam ensinar.

Podemos dizer que esses dois males — covardia e avareza — muitas vezes se entrelaçam. Alguns líderes acabam nem mesmo ensinando muito sobre o assunto para não se exporem — sua falta de autoridade para tratar do tema é consequência direta da forma negligente com que vivem nessa área. E aí se encontra a covardia: na omissão da instrução bíblica. Assim, como muitos desses líderes não praticam o desprendimento, acabam estabelecendo um modelo de avareza para o rebanho, o qual, por sua vez, segue o mesmo padrão de falta de liberalidade.

[7] Aurélio Buarque de Holanda Ferreira, verbete "espoliar", *Dicionário Aurélio da Língua Portuguesa* (Curitiba: Positivo, 2020).
[8] Bible Hub, verbete *harpagé*, G724, <https://biblehub.com/greek/724.htm>.

Entretanto, creio que dias de despertamento virão. O Senhor há de restaurar em sua igreja uma compreensão bíblica saudável e equilibrada acerca do dinheiro, da honra e da generosidade. A igreja de Cristo voltará a ser um povo liberal e generoso, que entende que os recursos materiais são instrumentos temporais a serviço de um reino eterno.

Aguardo com expectativa a chegada de uma grande mudança gerada por uma nova visão e compreensão das antigas verdades bíblicas.

5

APRENDENDO O CONTENTAMENTO

Não há melhor antídoto contra cobiçar
aquilo que é dos outros do
que se satisfazer com o que é seu.

THOMAS WATSON

No início do meu ministério pastoral, no começo da década de 1990, Rosméri, uma irmã da igreja que auxiliei no pastoreamento em Guarapuava, Paraná, contou-me que, logo após sua conversão, começou a orar fervorosamente para que o Senhor a ajudasse a ganhar na loteria. Mesmo sem obter sucesso a princípio, ela foi insistindo não apenas nos jogos, mas também nas orações, buscando alcançar um grande prêmio. Em certa ocasião, já desanimada e cansada de tanto orar sem ver resultado, ela desabafou com Deus, dizendo que ele não ouvia suas orações. Foi então que teve uma visão que a marcou profundamente.

Ela se viu diante de uma grande cachoeira, majestosa e bela. Observou o Senhor Jesus na parte inferior, onde as águas caíam, e viu quando ele começou a escalar as pedras daquela cachoeira. Ao vê-lo alcançar o topo, sem entender, perguntou: "Jesus, por que o Senhor escalou as pedras? Num piscar de olhos o Senhor poderia estar aí em cima! O Senhor é Deus! Por que subir?".

Então, ele a olhou com um semblante amoroso e paciente e respondeu: "Subir com o próprio esforço é mais gratificante. Experimente!". Após essas palavras, a visão cessou, e ela entendeu em seu espírito que Deus lhe falava a respeito da questão de jogar na loteria.

Gostaria de trazer uma palavra de advertência sobre os jogos de azar: não há bênção nesse tipo de dinheiro! A grande maioria dos ganhadores da loteria perde o dinheiro em questão de meses ou poucos anos. E não creio que isso ocorra apenas por não estarem preparados para administrá-lo, mas também porque Deus não abençoa esse tipo de ganho.

Nos dias de hoje, as pessoas se lançam desesperadamente aos jogos para "tentarem a sorte", mas o cristão reconhece que é melhor andar devagar e construir a vida com o "suor do seu rosto" e com aquilo que Deus lhe concede. Muitos sacrificam o que não têm para jogar. Milhões fazem a sua "fézinha" na loteria, que enriquecerá uma única pessoa (ou, talvez, algumas poucas), enquanto continua decepcionando a muitos.

Não há uma proibição bíblica clara e direta quanto aos jogos, mas a ética, os valores transmitidos pela Palavra de Deus, em seu conjunto, e a consciência do que é uma boa mordomia devem nos afastar dessa prática.

O problema de muitos de nós é nos permitir ser dominados pela ambição de possuir mais. Precisamos de contentamento em nossa vida. Essa é uma virtude essencial na vida do cristão genuíno.

O contentamento se aprende

Uma das verdades que as Escrituras Sagradas mais ensinam, no que tange às coisas materiais, é que devemos viver com contentamento. Nosso coração não deve ser aprisionado pela ganância, mas sustentado pelo contentamento!

> Conservem-se *livres do amor ao dinheiro e contentem-se com o que vocês têm*, porque Deus mesmo disse: Nunca o deixarei, nunca o abandonarei.
>
> Hebreus 13.5, NVI

É interessante a relação que o versículo estabelece entre contentar-nos com o que temos e a promessa de que Deus jamais nos deixará. Qual a ligação entre uma coisa e outra? Entendo que o Senhor está dizendo: "Vocês já possuem o que é mais importante: a minha presença. Sua alegria não deve se fundamentar em suas posses. Eu sou a fonte de toda satisfação!". O contentamento é o oposto do amor ao dinheiro, o qual, por sua vez, é insaciável. O contentamento não é apenas um conselho; é o padrão que Deus ordena a seus filhos:

> *Não ambicioneis coisas altas*, mas acomodai-vos às humildes.
>
> Romanos 12.16, ARC

Entre os poucos registros que temos nos Evangelhos sobre o conteúdo da pregação de arrependimento de João Batista, vemos que ele também abordou o tema do contentamento:

> E uns soldados o interrogaram também, dizendo: E nós, que faremos? E ele lhes disse: A ninguém trateis mal, nem defraudeis e *contentai-vos com o vosso soldo*.
>
> Lucas 3.14, ARC

Contentar-se com o salário era a base do caráter que aqueles soldados romanos precisavam ter para não errar em outras áreas. Muitos de nossos desvios de conduta originam-se justamente na falta de contentamento. Precisamos permitir que Deus reformule nossos valores. Devemos estabelecer limites aos nossos anseios. Quando desejamos demais aquilo que não podemos alcançar, já estamos pisando no terreno da ganância.

O contentamento não se estabelece apenas com uma oração preventiva; ele se aprende. Desenvolve-se por meio de um processo de mudança de valores, iniciado quando damos ouvidos ao que as Escrituras dizem sobre o assunto. A ganância só é tratada mediante a renovação da mente pela Palavra de Deus. É necessário meditar, memorizar e confessar esses princípios, orando sobre eles, pois o contentamento é um aprendizado.

Não se trata de algo instantâneo nem tampouco de um resultado automático do novo nascimento. Ao escrever aos filipenses, o apóstolo Paulo falou sobre a importância do contentamento e declarou que *o aprendeu*:

> Fiquei muito alegre no Senhor porque, agora, uma vez mais, renasceu o cuidado que vocês têm por mim. Na verdade, vocês já tinham esse cuidado antes, só que lhes faltava oportunidade. Digo isto, não porque esteja necessitado, porque *aprendi a viver contente* em toda e qualquer situação. Sei o que é passar necessidade e sei também o que é ter em abundância; aprendi o segredo de toda e qualquer

> circunstância, tanto de estar alimentado como de ter fome, tanto de ter em abundância como de passar necessidade. Tudo posso naquele que me fortalece.
>
> Filipenses 4.10-13

Paulo escreveu essas palavras enquanto enfrentava necessidades materiais. Os irmãos intervieram com uma ajuda amorosa, suprindo suas necessidades do momento — ou, como ele próprio disse, de sua pobreza. Contudo, o apóstolo não reclama da privação, mas afirma que aprendeu a viver contente em toda e qualquer situação.

Observe: ele *aprendeu* o contentamento — o que significa que, no início de sua caminhada cristã, ele ainda não o possuía na plenitude. E onde foi que o aprendeu? Claramente foi durante as dificuldades, pois é em tempos de escassez que Deus trabalha nosso coração. Paulo aprendeu que sua *alegria* não dependia das circunstâncias externas, mas da confiança no Deus de sua vitória. Ele foi tratado pelo Senhor até se desapegar completamente das coisas materiais e viver contente, sabendo que Deus intervém e é maior do que qualquer problema.

Paulo ainda afirma que sabia como viver tanto na abundância quanto na escassez. Em qualquer situação, permanecia contente. Na fartura, não se tornava esbanjador; na falta, não se tornava murmurador. Ele havia aprendido a governar suas emoções com base na Palavra de Deus, e não nas circunstâncias.

O "tudo posso naquele que me fortalece" não significa ausência de lutas, mas capacidade de suportar todas as situações, sabendo que a vitória do Senhor virá a tempo. Quando a provisão enviada pelos filipenses chegou, Paulo venceu a privação — mas a verdadeira vitória foi o contentamento aprendido durante o processo.

Não há base bíblica para afirmar que o crente jamais enfrentará privações. Graças a Deus, há promessas de provisão, mas também há propósitos pedagógicos nas privações que, por vezes, Deus permite.

Nossa geração construiu uma teologia sem perdas ou privações, o que colide com o ensino de Jesus:

> Não acumulem tesouros sobre a terra, onde as traças e a ferrugem corroem e onde ladrões escavam e roubam; mas ajuntem tesouros no céu, onde as traças e a ferrugem não corroem, e onde ladrões não escavam, nem roubam.
>
> Mateus 6.19

O único lugar, garantido pelas Escrituras Sagradas, onde não haverá perdas é o céu. Aqui na terra, as coisas se estragam pelo efeito da traça, da ferrugem e de outros formatos de desvalorização ou perda.

Nem mesmo o dizimista está isento de perdas naturais — Malaquias 3.11 fala de Deus repreender o devorador que já atuava, não de blindar total e permanentemente o patrimônio.

Já tratei outrora do conceito dos abalos divinos. Preservar o lugar de Deus acima de tudo aquilo que conferimos às coisas materiais é de extrema importância. No processo de nos ensinar e corrigir, quando invertemos valores, o Senhor pode permitir que enfrentemos perdas. Contudo, não devemos ignorar as bênçãos prometidas àqueles que honram a Deus com seus bens, colocando-o no lugar de primazia. Recordemos mais uma vez Provérbios 3.9-10:

> Honre o SENHOR com os seus bens
> e com as primícias de toda a sua renda;
> e *os seus celeiros ficarão completamente cheios,*
> e *os seus lagares transbordarão de vinho.*

Voltemos, então, à pergunta: se a vontade de Deus não é que vivamos em necessidades, por que, por vezes, as enfrentamos? A resposta encontra-se naquilo que o apóstolo Paulo ensinou aos filipenses: a alternância entre provisão e necessidade é um método pedagógico divino, destinado a nos ensinar uma lição essencial — o contentamento.

Depois de tratar da possibilidade de perdas e privações ligadas aos bens terrenos, o próprio Cristo concluiu com uma declaração incisiva: "Porque, onde estiver o seu tesouro, aí estará também o seu coração" (Mt 6.19). As perdas e privações, mesmo sendo temporárias, funcionam como espelhos que nos permitem enxergar o real estado de nosso coração. A única forma de não nos deixarmos envolver pela ganância é permitir que a Palavra de Deus prevaleça em nosso coração. E a melhor forma de aplicar os princípios bíblicos é quando percebemos nossa condição interior.

Contentamento não significa viver sempre em escassez, mas ser capaz de esperar com paciência o agir de Deus, sem murmuração. Não é ausência de sonhos, mas domínio próprio para dar um passo de cada vez, sem se entregar à ganância e à inveja. O contentamento tampouco está ligado à falta de condições para uma vida digna; não é uma carência contínua, e sim a capacidade de saber confiar e esperar até que as circunstâncias mudem.

Não significa falta de sonhos ou comodismo, e sim paciência para dar um passo de cada vez, sempre do tamanho de nossas pernas. Ele tem a ver com não permitir que nada, a não ser o Senhor, reine em nossos corações.

Paulo nos ensina que tanto na abundância quanto na escassez devemos nos manter firmes e equilibrados. O problema da falta de contentamento não é a impossibilidade de viver com menos, mas a resistência em aceitar ter menos, em especial quando vemos outros com mais. A ganância sempre caminha de mãos dadas com a inveja:

> Então vi que toda fadiga e toda habilidade no trabalho *provêm da inveja do ser humano contra o seu próximo*. Também isto é vaidade e correr atrás do vento.
>
> Eclesiastes 4.4

O contentamento nasce de um coração quebrantado, que renunciou à ganância e à inveja. Podemos relacionar o contentamento ao domínio próprio, que é fruto do Espírito, enquanto a inveja é obra da carne.

No que consiste a vida

Certa vez, Jesus foi abordado por um homem que lhe pediu ajuda quanto aos seus bens. Embora a resposta do Senhor possa soar ríspida, ela revela como a ganância humana pode ser ofensiva ao coração de Deus:

> Nesse ponto, um homem que estava no meio da multidão disse a Jesus:
>
> — Mestre, diga a meu irmão que reparta comigo a herança.
>
> Mas Jesus lhe respondeu:
>
> — Homem, quem me nomeou juiz ou repartidor entre vocês?
>
> Então lhes recomendou:
>
> — Tenham cuidado e *não se deixem dominar por qualquer tipo de avareza*, porque *a vida de uma pessoa não consiste na abundância dos bens que ela tem*.
>
> Lucas 12.13-15

Aquele homem teve a oportunidade de dirigir-se pessoalmente ao Filho de Deus, mas desperdiçou-a com um pedido mesquinho — e recebeu, por isso, uma exortação. Em seguida, Jesus passou a ensinar que a busca pelo acúmulo de bens jamais levará o ser humano à verdadeira realização. Viver para enriquecer é insensatez; a vida verdadeira consiste em ser rico para com Deus.

> E Jesus lhes contou ainda uma parábola, dizendo:
>
> — O campo de um homem rico produziu com abundância. Então ele começou a pensar: "Que farei, pois não tenho onde armazenar a minha colheita?" Até que disse: "Já sei! Destruirei os meus celeiros, construirei outros maiores e aí armazenarei todo o meu produto e todos os meus bens. Então direi à minha alma: 'Você tem em depósito muitos bens para muitos anos; descanse, coma, beba e aproveite a vida.'" Mas Deus lhe disse: "Louco! Esta noite lhe pedirão a sua alma; e o que você tem preparado, para quem será?"
>
> Lucas 12.16-20

Após mostrar aquilo em que não consiste a vida do homem, o Senhor declarou em que ela realmente consiste: "Assim é o que ajunta tesouros para si mesmo, mas *não é rico para com Deus*" (Lc 12.21).

Ser rico para com Deus — esse deve ser o alvo de cada um de nós. Não podemos permitir que a cobiça e o materialismo nos afastem desse propósito supremo. Vejamos outras declarações das Escrituras:

> Porque em tudo *vocês foram enriquecidos nele*, em toda a palavra e em todo o conhecimento [...] de maneira que não lhes falta nenhum dom, enquanto aguardam a revelação de nosso Senhor Jesus Cristo.
>
> 1Coríntios 1.5,7

Os crentes de Corinto foram enriquecidos nas coisas espirituais. Note que o ensino bíblico não condena a riqueza material em si, mas a ganância. Ter bens não é pecado, desde que o coração não esteja preso a eles (Sl 62.10). No entanto, antes de qualquer anseio por riquezas terrenas, deve haver o desejo de enriquecermos espiritualmente. Quando Jesus falou às igrejas da Ásia, chamou uma igreja pobre de "rica" (Ap 2.9) e uma igreja rica de "pobre" (Ap 3.17), porque as medidas do reino não são as deste mundo.

A riqueza espiritual deve vir em primeiro lugar. Se o Senhor nos conceder também a prosperidade material, louvado seja ele. Mas, se tivermos de escolher entre uma e outra, não hesitemos: sejamos ricos para com Deus. O diabo estimula a ganância não para nos enriquecer, mas para nos empobrecer espiritualmente, afastando-nos de Deus. O contentamento é nossa proteção!

Valores

Existem valores muito mais elevados do que o dinheiro e os bens materiais:

Melhor é o pouco, havendo o *temor do Senhor*,
do que um grande tesouro onde há inquietação.
Melhor é um prato de legumes onde há *amor*
do que um boi inteiro acompanhado de ódio.

Provérbios 15.16-17

A Bíblia exalta valores espirituais (como o temor do Senhor) e emocionais (como o amor), colocando-os acima de qualquer riqueza.

Em certa viagem ao interior de Goiás, deparei com um outdoor que trazia uma frase instigante: "Tem gente que é tão pobre, tão pobre, mas tão pobre, que tudo o que possui é dinheiro". Um convite à reflexão para quem despreza os verdadeiros valores da vida.

A Bíblia não condena a riqueza. Deus pode e quer fazer-nos prosperar. Contudo, há uma ordem correta a ser seguida. João desejou que Gaio prosperasse "assim como é próspera a tua alma" (3Jo 1.2). A prosperidade da alma deve anteceder a material. A ganância, ao contrário, busca apressar as coisas e acaba consumindo tempo, energia, alvos e valores que deveriam pertencer ao Senhor. As Escrituras nos mostram que o caminho da paciência e do trabalho é sempre o melhor. Viver com contentamento não é acomodar-se, mas saber esperar com paciência até alcançar os alvos segundo o tempo e os princípios de Deus:

A riqueza obtida com facilidade, essa diminui,
mas quem a ajunta pelo trabalho, esse a vê aumentar.

Provérbios 13.11

Outras versões ressaltam a paciência no processo: "A riqueza que se ganha depressa diminui depressa, mas a que se junta aos poucos torna-se grande" (Versão Fácil de Ler). Já a Tradução Brasileira focou mais a paciência do que o meio do ganho: "aquele que ajunta pouco a pouco será próspero".

A ganância sempre sugerirá atalhos, como evitar a disciplina do dízimo e das ofertas ao tentar mostrar "quanto" poderíamos fazer com aquele dinheiro. Mas a Palavra ensina o caminho da fé e da confiança em Deus como nossa provisão:

Quem confia nas suas riquezas cairá,
mas *os justos reverdecerão como as folhagens*.

Provérbios 11.28

Já destacamos que a ganância anda de mãos dadas com a inveja. A decisão de esperar o tempo de Deus ou se entregar à inveja traz consequências:

> O ânimo sereno é a vida do corpo,
> mas *a inveja* é a podridão dos ossos.
>
> Provérbios 14.30

Rejeite a ganância e desfrute de paz interior. Como Paulo adverte, muitos desviaram-se da fé por cobiça e atormentaram-se com muitas dores (1Tm 6.10). Deus não é contra nós termos dinheiro; ele é contra a ganância. Assim, à medida que prosperarmos, devemos manter os valores certos em nosso interior. Além do contentamento, isso inclui a generosidade.

Essa foi a instrução que Paulo transmitiu a Timóteo para orientar a igreja:

> Exorte os ricos deste mundo a que não sejam orgulhosos, nem depositem a sua esperança na instabilidade da riqueza, mas em Deus, que tudo nos proporciona ricamente para o nosso prazer. Que eles façam o bem, sejam ricos em boas obras, generosos em dar e prontos a repartir; ajuntando para si mesmos um tesouro que é sólido fundamento para o futuro, a fim de tomarem posse da verdadeira vida.
>
> 1Timóteo 6.17-19

Os problemas relacionados ao dinheiro estão claramente apontados: o perigo da altivez e o risco de fazermos das riquezas a nossa esperança.

O contentamento, portanto, é o antídoto. Ele não apenas nos protege desses males, mas nos impulsiona à generosidade, levando-nos a semear na vida de outros com bondade e desprendimento.

6

EXPRESSÃO DE GENEROSIDADE

O homem generoso imita a Deus,
que dá a todos sem medida.

CHARLES SPURGEON

Já definimos anteriormente que não devemos apenas fazer a coisa certa, mas fazê-la do jeito certo. E, ao falarmos de contribuição, o que significa o jeito certo? Demonstramos, pelas Escrituras, que a honra é essencial e que a atitude do coração faz toda a diferença. Agora, desejo, além desses aspectos, abordar outro que complementa os já apresentados: a generosidade. Na epístola aos cristãos de Roma, encontramos instrução clara do apóstolo Paulo quanto à prática desse princípio: "O que contribui, [faça-o] com generosidade" (Rm 12.8).

Mas, afinal, o que é generosidade? Qual sua importância? Ao longo das próximas páginas, desejo conduzi-lo no entendimento dessas respostas.

Paulo, em sua segunda carta aos coríntios, destacou ter enviado alguns irmãos com uma missão específica antes de sua chegada: preparar a oferta deles. Isso aponta para uma necessidade que não era exclusiva daquela igreja: a preparação da contribuição.

> Portanto, julguei necessário recomendar aos irmãos que me precedessem na visita a vocês e preparassem de antemão a oferta que vocês prometeram, para que esteja pronta como *expressão de generosidade* e não de avareza.
>
> 2Coríntios 9.5

Contudo, devemos compreender em que consistia, exatamente, essa preparação. Seria apenas informá-los de que uma oferta seria recebida? Não, pois eles já estavam cientes disso. Seria, então, motivá-los a engajarem-se de forma mais profunda e garantir sua participação? Tampouco, pois Paulo registra que já haviam assumido o compromisso de ofertar: "Eles cuidarão para que a oferta que vocês prometeram esteja pronta" (2Co 9.5, NVT). Logo, se já havia uma promessa de contribuição, eles tanto já sabiam da oferta como também já estavam comprometidos com ela.

Portanto, o que Paulo pretendia com a chegada antecipada daqueles irmãos? Ele não buscava apenas a execução do ato de dar, mas sim o espírito com que seria praticado. Como o apóstolo explica, o *objetivo* era que a oferta estivesse pronta "como expressão de generosidade e não de avareza". O propósito era ajudar aqueles irmãos a expressarem generosidade quando doassem. O foco não estava no valor ofertado, mas na mensagem transmitida por meio daquela dádiva. Uma vez que Deus não está à procura de nossas dádivas, e sim da atitude correta com que contribuímos, é evidente que essa preparação tem tudo a ver com *a maneira* de fazer, e não meramente com o que seria feito.

Nossas ofertas sempre expressam algo. Conforme a passagem em análise, a contribuição pode expressar tanto generosidade quanto avareza. Existe uma linguagem por trás de nossas ofertas. Sobre a oferta de Abel, a Escritura afirma: "e, por ela, estando ele morto, ainda fala" (Hb 11.4, TB). O sacrifício de Abel falava — e ainda fala. Logo, nossas ofertas também carregam uma mensagem diante de Deus. Tanto o sacrifício oferecido como a fé expressada por meio dele tinham uma mensagem. Falavam algo na ocasião em que se ofereceu algo a Deus e continuam falando ainda hoje. Há uma *linguagem* por trás de nossas ofertas.

O valor de uma oferta, portanto, não reside no que é entregue, mas naquilo que ela expressa. Era exatamente essa a preocupação de Paulo ao enviar sua comitiva: ajudá-los a oferecer com o espírito correto, expressando generosidade.

É curioso observar que uma oferta pode expressar avareza, ainda que o ato de dar esteja presente. Sempre associei a avareza à indisposição de dar, enquanto entendia que a generosidade consistia em simplesmente dar. No entanto, Paulo demonstra que não basta ofertar — é possível doar e, mesmo assim, comunicar avareza. Portanto, não é o ato de doar que define a generosidade, mas a maneira como a entrega é realizada.

Nos versículos seguintes, Paulo desenvolve essa ideia:

> E isto afirmo: aquele que semeia pouco também colherá pouco; e o que semeia com fartura também colherá com fartura. Cada um contribua segundo tiver proposto no coração, *não com tristeza* ou por necessidade, porque *Deus ama quem dá com alegria.*
>
> 2Coríntios 9.6-7

Ao ensinar que a contribuição não deve ser feita com tristeza ou por mera necessidade (nem do doador, nem do beneficiário), o apóstolo ressalta a centralidade do coração. O que Deus espera não é o valor da oferta, mas a alegria com que ela é entregue.

Quando a Escritura afirma que "Deus ama quem dá com alegria", isso não significa que Deus não ama aqueles que ainda não alcançaram essa atitude. Sabemos que ele já demonstrou seu amor para conosco enquanto ainda éramos pecadores (Rm 5.8). Portanto, essa declaração aponta mais para o prazer de Deus em ver essa virtude em seus filhos do que para uma questão de merecimento do amor divino.

Mas por que Deus teria tanto prazer naqueles que praticam a generosidade?

Por uma razão simples e profunda: ele deseja que seus filhos se pareçam com ele.

Imitadores de Deus

O ser humano foi criado com o propósito de refletir o caráter do seu Criador. Essa verdade é evidente desde o início, quando lemos que fomos criados "conforme a sua imagem" (Gn 1.26). Mesmo após a queda, quando o pecado desconectou o homem de Deus e obscureceu essa capacidade de refletir o divino, o plano original permaneceu inalterado. Por meio de Cristo, foi restaurada a possibilidade de vivermos novamente segundo o propósito estabelecido por Deus desde o princípio. Assim afirma a Escritura: "Portanto, sejam imitadores de Deus, como filhos amados" (Ef 5.1).

A ordem bíblica não é simplesmente uma exortação a imitarmos Deus; ela é apresentada dentro de uma lógica de *paternidade*: "como filhos amados". Ou seja, a expectativa do Senhor é que seus filhos, enquanto herdeiros de sua natureza, reproduzam seu *comportamento*. Essa perspectiva permeia vários textos das Escrituras:

> Nisto conhecemos o amor: que *Cristo deu a sua vida por nós; portanto, também nós devemos dar a nossa vida pelos irmãos*. Ora, se alguém possui recursos deste mundo e vê seu irmão passar necessidade, mas fecha o coração para essa pessoa, como pode permanecer nele o amor de Deus? Filhinhos, não amemos de palavra, nem da boca para fora, mas de fato e de verdade.
>
> 1João 3.16-18

O amor de Cristo se manifestou no sacrifício por nós. E, ainda que nosso "sacrifício" não envolva a morte literal nem tenha caráter redentor, somos chamados a imitá-lo por meio de um comportamento marcado pelo amor genuíno, cujo centro está no coração.

Deus é generoso! Ele é doador! Assim está escrito:

> Porque Deus amou o mundo *de tal maneira que deu* o seu Filho unigênito, para que todo o que nele crê não pereça, mas tenha a vida eterna.
>
> João 3.16

A tentativa de expressar a grandeza do amor de Deus, que excede todo entendimento (Ef 3.19), é resumida na expressão "de tal maneira", imediatamente relacionada ao ato de dar.

Tiago também enfatiza esse aspecto do caráter divino:

> Se, porém, algum de vocês necessita de sabedoria, peça *a Deus, que a todos dá com generosidade* e sem reprovações, e ela lhe será concedida.
>
> Tiago 1.5

Deus é generoso! Sendo assim, espera que seus filhos o imitem: "Sejam imitadores de Deus, como filhos amados" (Ef 5.1).

Não podemos imitar seu poder criador, tampouco seus atributos incomunicáveis, mas somos chamados a reproduzir sua expressão de amor — manifesta em sua generosidade: "E vivam em amor, como também Cristo nos amou e se entregou por nós, como oferta e sacrifício de aroma agradável a Deus" (Ef 5.2). O principal motivo para o cristão ser generoso é essa ordenança de refletir o caráter de Deus. A generosidade não reside no valor da doação, mas no coração do doador que expressa, em sua ação, o caráter divino reproduzido em sua vida. É uma atitude interior que transborda em uma ação exterior. O que ofertamos é, na verdade, o reflexo visível do que foi antes cultivado em nosso interior. Por isso mesmo, Paulo enviou sua comitiva à igreja de Corinto: para que os irmãos ali realizassem o ato certo, da maneira certa.

O coração é o centro da questão. Por isso, lemos que Deus ama aquele que dá com alegria e que ninguém deve contribuir com tristeza ou por mera obrigação (2Co 9.7). É essa também a razão pela qual, no episódio envolvendo Ananias, a Escritura revela a disputa pelo seu coração entre Deus e o diabo (At 5.3). Como costumo afirmar: ninguém disputa o que não tem valor. Provavelmente jamais veremos duas pessoas brigando por um galho seco caído no chão. Disputas sempre envolvem aquilo a que atribuímos valor. Não podemos, portanto, minimizar a importância do coração humano e suas disposições no momento da contribuição.

Há uma oração de Davi, registrada de forma intencional nas Escrituras, que sempre me chama a atenção. Antes de observá-la, é oportuno lembrar seu contexto. Ao final de sua vida, o rei Davi decidiu fazer uma grandiosa oferta para o templo que seu filho Salomão viria a edificar: "E ainda, porque amo o templo de meu Deus, o ouro e a prata particulares que tenho dou para o templo de meu Deus, além de tudo o que preparei para o santuário" (1Cr 29.3).

Ainda que já houvesse abundante provisão, Davi manifesta seu amor ao ofertar de seus bens pessoais, não apenas do tesouro real. Em seguida, os líderes de Israel e, depois, todo o povo se uniram a ele nesse espírito voluntário: "O povo se alegrou com tudo o que se fez voluntariamente, porque de coração íntegro fizeram ofertas voluntárias ao Senhor. Também o rei Davi se alegrou com grande júbilo" (1Cr 29.9).

Então, Davi ora:

> Bem sei, meu Deus, que *tu provas os corações* e que te agradas da sinceridade. Eu também, na sinceridade de meu coração, dei voluntariamente todas estas coisas, e acabo de ver com alegria que o teu povo aqui reunido te faz ofertas voluntariamente. Senhor, Deus de nossos pais Abraão, Isaque e Israel, *conserva para sempre no coração do teu povo estas disposições e pensamentos; firma o coração deles em ti.*
>
> 1Crônicas 29.17-18

O foco não recai sobre aquilo que foi ofertado, mas sobre o coração com que foi entregue. Além da declaração de que Deus prova os corações, Davi ainda ora para que esse espírito de generosidade permaneça no coração do povo. É essa mesma oração que devemos elevar hoje!

O foco não foi colocado naquilo que foi ofertado, e sim no coração dos ofertantes. Além da menção de que Deus prova os corações, há o registro da oração feita (e que também devemos seguir fazendo em nossos dias): "conserva *para sempre* no coração do teu povo estas disposições e pensamentos; *firma o coração deles em ti*". Que essa oração se torne realidade em nós!

Repito: o simples ato de dar não define a generosidade; é a maneira como o fazemos que determina se expressamos avareza ou generosidade.

Não devemos confundir o propósito com a consequência. O propósito da generosidade é reproduzir o caráter de Deus, imitá-lo, representá-lo e revelá-lo na terra.

As bênçãos resultantes da generosidade são apenas consequência, jamais o propósito. Infelizmente, muitos enfatizam a generosidade como meio de alcançar bênçãos materiais, confundindo o que é resultado com aquilo que deveria ser a verdadeira motivação — assim, comprometem o próprio coração e são, muitas vezes, privados das bênçãos que o Senhor, de fato, prometeu.

Com a ordem correta de propósito e consequência estabelecida, podemos agora prosseguir para as bênçãos prometidas aos generosos.

Atitudes que determinam a revelação

Eu não tive dois pais, tive apenas um. No entanto, percebia que suas atitudes para comigo variavam conforme meu comportamento. Por exemplo, nunca fui repreendido por tirar boas notas na escola — ao contrário, isso o fazia sorrir de orgulho. Porém, quando algum vizinho lhe relatava algo errado que eu havia feito, não havia sorrisos — apenas disciplina.

Logo compreendi que meu pai era tanto bondoso quanto severo, e que qual dessas facetas eu experimentaria dependia diretamente da minha conduta. Não se tratava de dois pais distintos, mas de duas expressões diferentes do mesmo pai — moldadas pelas minhas atitudes.

Da mesma forma, podemos afirmar que nossas atitudes determinam a revelação que teremos de Deus. Certa ocasião, presenciei uma discussão teológica entre dois membros da igreja que eu pastoreava. O primeiro defendia a bondade de Deus; o segundo, a sua severidade. Um deles, então, me chamou a intervir na disputa e perguntou:

— Pastor, afinal, Deus é bom ou é severo?

Respondi que daria duas respostas, em dois momentos.

— A primeira — disse — é que ele não é um ou outro, bondoso ou severo, mas sim ambos. A Escritura menciona a bondade e a severidade de Deus no mesmo versículo: "Considere, pois, a bondade e a severidade de Deus" (Rm 11.22a).

— Mas — retrucou o outro — se você já disse que Deus é os dois, o que sobra para a segunda resposta?

Então, expliquei:

— A segunda resposta é: depende.

Eles me olharam confusos:

— Como assim, "depende"?

E concluí:

— Depende da atitude de cada um. Qual das duas manifestações divinas (bondade ou severidade) alguém experimentará está diretamente ligado ao seu próprio comportamento e conduta. O apóstolo Paulo é claro acerca disso: "severidade *para com os que caíram*, bondade, porém, *para com você, desde que* permaneça nessa bondade" (Rm 11.22b). Os que creram experimentam a bondade; os que caíram, a severidade. Portanto, a revelação que teremos de Deus, um ser infinito, cheio de atributos, não depende apenas de quem ele é, mas também de como nós nos posicionamos diante dele.

A própria Escritura aprofunda esse princípio:

> Para com quem é *fiel*, *fiel* te mostras;
> com o *íntegro*, também *íntegro*.
> Com o *puro*, *puro* te mostras;
> com o perverso, inflexível.
>
> Salmos 18.25-26

O texto evidencia claramente uma reciprocidade: há uma correspondência entre a postura do homem e a revelação de Deus. Quem é fiel experimenta a fidelidade de Deus; quem anda em integridade vê a integridade divina; quem é puro conhece o Deus puro.

Contudo, perceba: o Senhor não se mostra fiel ao íntegro, nem puro ao fiel, nem íntegro ao puro — ainda que ele seja plenamente fiel, íntegro e puro. Cada revelação de seus atributos manifesta-se em resposta à atitude do coração humano. Já para o perverso, Deus não manifesta perversidade, pois tal atributo não existe em seu caráter. A Escritura afirma apenas que ele se mostra inflexível — ou, conforme a Tradução Brasileira: "com o perverso, te mostrarás contrário".

Generosidade

Por que expressar generosidade é tão importante? Porque o Senhor se revela a nós de acordo com a nossa atitude! Assim, se andamos em generosidade, teremos uma revelação da generosidade de Deus. Contudo, se optamos por uma postura avarenta, como não há avareza no caráter de Deus, ele não terá atributo correspondente à nossa atitude para revelar. Isso nos manterá espiritualmente no escuro, em cegueira e insensibilidade.

Vamos considerar melhor essas duas questões: primeiro, como a generosidade conduz à revelação da generosidade de Deus; depois, como a avareza cega o entendimento quanto à generosidade divina.

Quem foi o primeiro, nas Escrituras, a ter a revelação de Deus como Jeová-Jiré — "O Senhor Provedor"? Foi o patriarca Abraão (Gn 22.14). E quando aconteceu isso? Quando ele se dispôs a entregar ao Senhor o que tinha de mais precioso: Isaque, o filho da promessa. Não creio que tenha sido mera coincidência Abraão ter recebido a revelação de Jeová-Jiré justamente ao entregar seu filho. Nas palavras do próprio Jesus, o patriarca teve, naquela ocasião, uma revelação messiânica: "Abraão, o pai de vocês, alegrou-se por *ver o meu dia*; e *ele viu esse dia* e ficou alegre" (Jo 8.56). De que dia Jesus falava? Quando Abraão viu o dia de Cristo?

Enquanto subiam o monte Moriá, o jovem Isaque quebrou o silêncio e perguntou: "Meu pai! Eis o fogo e a lenha, mas onde está o cordeiro para o holocausto?" (Gn 22.7). Ao que Abraão respondeu: "Deus proverá para si o cordeiro para o holocausto, meu filho" (Gn 22.8). Quem sobe para um sacrifício e não leva o cordeiro? É natural o questionamento do menino, ainda sem saber que ele próprio seria o sacrifício. Entretanto, a resposta de Abraão, que pode parecer apenas uma forma de evitar a explicação completa, é classificada por Jesus como uma revelação profética: Abraão, ao falar da provisão divina, viu, pela fé, o sacrifício substitutivo do Cordeiro de Deus — Cristo — oferecido desde antes da fundação do mundo (1Pe 1.20). Ou seja, o patriarca não se referiu apenas ao substituto de Isaque, um cordeiro literal, e sim a Cristo, que seria o substituto de cada ser humano que, à semelhança de Isaque, também estava condenado à morte.

Como Abraão enxergou aquilo que o apóstolo Paulo denominaria de "mistério outrora oculto"? Não havia, até então, profecias claras sobre o Messias e sua obra redentora. Mesmo após o aumento das profecias messiânicas, muitos não conseguiam discerni-las. Porém, quando Abraão dispôs-se a entregar seu filho, seus olhos espirituais foram abertos para contemplar a maior expressão da generosidade de Deus: o Pai entregando seu próprio Filho por nós.

Portanto, a atitude de generosidade de Abraão o conduziu à revelação da generosidade de Deus. E, semelhantemente, quando decidimos andar em generosidade, somos conduzidos a um nível mais profundo de revelação da generosidade divina. As bênçãos de Deus não são apenas uma resposta automática ao ato de dar; elas são fruto do processo de generosidade que, ao ser ativado, abre nossos olhos espirituais, fortalece nossa fé e libera as intervenções sobrenaturais de provisão em nossa vida.

Em outras palavras: a generosidade não nos conduz apenas a um resultado, mas a um processo. E o processo, então, nos leva aos resultados — resultados esses que só podem ser corretamente compreendidos quando discernimos o propósito por trás de tudo isso (tema que abordarei adiante, ao final deste capítulo).

Jesus declarou:

> Dai, e dar-se-vos-á; boa medida, recalcada, sacudida, transbordante, *generosamente vos darão;* porque *com a medida com que tiverdes medido vos medirão também.*
>
> Lucas 6.38, ARA

Cristo apresenta aqui um princípio espiritual: com a medida com que medimos, seremos medidos. A promessa de retorno generoso só pode ser cumprida se, antes disso, houver generosidade em nossa entrega. A recompensa não está apenas vinculada ao ato de dar, mas à disposição interior que o acompanha. É exatamente por isso que o apóstolo Paulo enfatiza que nossas dádivas devem expressar generosidade, e não avareza.

Avareza

A avareza, diferentemente da generosidade, impede-nos de receber a revelação da provisão divina. Como vimos antes, a revelação de Deus é proporcional à nossa atitude; há uma lei de reciprocidade espiritual em operação. Ao fiel, Deus se mostra fiel; ao íntegro, ele se revela íntegro; ao puro, revela pureza (Sl 18.25-26a). Assim também, pela mesma lógica, ao generoso Deus se mostra generoso, revelando sua própria generosidade. Entretanto, para o avarento, o Altíssimo não tem atributo correspondente para revelar, uma vez que não há avareza em Deus. Como afirma o salmista: "com o perverso, te mostrarás contrário" (Sl 18.26b, TB).

Aquele que escolhe expressar avareza — mesmo que ainda doe algo — limita-se a si mesmo; coloca-se num estado de cegueira espiritual quanto à generosidade e provisão divinas. Um texto que ilustra bem esse princípio está no registro da segunda multiplicação dos pães. Ali, vemos os próprios discípulos de Jesus, homens que andavam com ele e testemunhavam milagres extraordinários, demonstrando ainda assim grande dificuldade em perceber e confiar na sua capacidade de prover. Vejamos o relato, analisando-o em suas partes:

> Naqueles dias, quando outra vez se reuniu grande multidão, e não tendo o que comer, Jesus chamou os discípulos e lhes disse:
>
> — Tenho compaixão desta gente, porque já faz três dias que eles estão comigo e não têm o que comer. Se eu os mandar para casa em jejum, desfalecerão pelo caminho; e alguns deles vieram de longe.
>
> Marcos 8.1-3

A situação era clara: o povo estava ouvindo o Senhor por três dias e, é claro, não tinha alimento suficiente para tantos dias. Jesus manifestou compaixão e sinalizou o desejo de suprir a necessidade. Os discípulos, porém, responderam com uma das perguntas mais estúpidas que podemos encontrar nas Escrituras: "Como *poderá alguém* saciá-los de pão neste deserto?" (Mc 8.4).Ou seja, a pergunta feita pelos discípulos foi, na prática: "De onde poderia alguém (qualquer pessoa, inclusive o próprio Senhor) ter o poder (a capacidade, competência, força ou recursos) de prover alimento neste deserto?".

Honestamente, colocando-me no lugar de Jesus, ouvir isso de seus discípulos soaria quase como um insulto.

Se jamais tivessem presenciado um milagre de provisão, ainda seria compreensível uma dúvida dessas, fruto de pura ignorância. Mas o fato é que eles já haviam presenciado o milagre da primeira multiplicação dos pães (Mc 6.35-44)! Como, depois de tal experiência, podiam questionar a possibilidade de haver provisão?

Imagino que o desejo do coração de Jesus fosse que eles tivessem dito algo como: "Senhor, repita àquele milagre da multiplicação!". Ou ainda: "De fato, nenhuma pessoa poderia resolver o problema da falta de alimento aqui — mas o Senhor pode!". Em vez disso, mostraram-se completamente cegos diante da fonte divina de provisão que estava ali, encarnada diante deles. A pergunta que surge com naturalidade é: por que estavam incapazes de enxergar Jesus como provedor?

Entendo que os detalhes do episódio, registrados no texto sagrado, apontam de forma direta para o princípio que estamos desenvolvendo neste capítulo. Logo após o questionamento dos discípulos acerca de como poderia alguém fartar aquela multidão, Cristo lhes indagou acerca da quantidade de pães.

> Então Jesus perguntou:
>
> — Quantos pães vocês têm?
>
> Eles responderam:
>
> — Sete.
>
> Marcos 8.5

Não creio que os discípulos, que não estavam esperando nenhuma intervenção de Jesus, tivessem se adiantado a ponto de já terem feito um levantamento detalhado da quantidade de pães. Penso que precisaram averiguar, consultando a multidão, da mesma forma como havia ocorrido na primeira multiplicação de pães e peixes.

> E Jesus lhes disse:
>
> — Quantos pães vocês têm? *Tratem de descobrir*!
>
> *Eles foram se informar* e responderam:
>
> — Cinco pães e dois peixes.
>
> Marcos 6.38

Na segunda multiplicação, no entanto, o relatório foi de sete pães. Então Cristo operou o milagre e alimentou novamente a multidão. O relato bíblico descreve:

> Então mandou o povo assentar-se no chão. E, pegando os sete pães, partiu-os, após ter dado graças, e os deu aos seus discípulos, para que estes os distribuíssem, repartindo entre o povo. Tinham também alguns peixinhos. E, abençoando-os, mandou que estes igualmente fossem distribuídos. *Comeram e se fartaram; e dos pedaços restantes recolheram sete cestos*. Eram cerca de quatro mil homens. Então Jesus os despediu.
>
> Marcos 8.6-9

Em seguida, Jesus entrou no barco com seus discípulos:

> Logo a seguir, *tendo entrado no barco juntamente com os seus discípulos*, foi para a região de Dalmanuta.
>
> Marcos 8.10

Ali, porém, não foi bem recebido. Diante da incredulidade dos fariseus, Jesus desabafou com um gemido e, após repreendê-los, retornou ao barco:

> Os fariseus chegaram e começaram a discutir com Jesus. E, tentando-o, pediram-lhe um sinal vindo do céu. Jesus, porém, *arrancou do íntimo do seu espírito um gemido* e disse:
>
> — Por que esta geração pede um sinal? Em verdade lhes digo que nenhum sinal será dado a esta geração.
>
> E, *deixando-os, tornou a embarcar* e foi para o outro lado.
>
> Marcos 8.11-13

Esses registros não são meros detalhes narrativos; vejo-os como parte da construção pedagógica da mensagem por trás da segunda multiplicação. Como bem afirmou o apóstolo Paulo aos romanos: "tudo o que no passado foi escrito, para o nosso ensino foi escrito" (Rm 15.4). E, na sequência da narrativa, encontramos elementos que lançam luz sobre o que de fato estava ocorrendo.

> Ora, *os discípulos se esqueceram de levar pão e, no barco, não tinham consigo senão um só*. Jesus os preveniu, dizendo:

— Fiquem atentos e tomem cuidado com o fermento dos fariseus e com o fermento de Herodes.

E eles começaram a *discutir entre si*, dizendo:

— Ele diz isso *porque não temos pão*.

Marcos 8.14-16

Note o detalhe: os discípulos haviam se esquecido de levar pães. Ao saírem do local da segunda multiplicação (Mc 8.10), mal chegaram a Dalmanuta e já voltaram ao barco (Mc 8.13). Apenas tinham um pão com eles. Quando Jesus os adverte sobre o "fermento dos fariseus" (referência à doutrina deles, Mt 16.12), os discípulos interpretam de forma errada como uma repreensão pela falta de pão. Tal atitude provoca a indignação e a repreensão de Jesus:

Jesus *percebeu isso* e perguntou:

— Por que vocês estão discutindo sobre o fato de não terem pão? Vocês ainda *não percebem nem compreendem*? *Têm o coração endurecido*? *Tendo olhos, não veem*? *E, tendo ouvidos, não ouvem*? Não se lembram de quando parti os cinco pães para os cinco mil, quantos cestos cheios de pedaços vocês recolheram?

Eles responderam:

— Doze!

— E de quando parti os sete pães para os quatro mil, quantos cestos cheios de pedaços vocês recolheram?

Responderam:

— Sete!

Ao que Jesus lhes disse:

— Vocês ainda não compreendem?

Marcos 8.17-21

Imagino a frustração de Jesus diante da cegueira espiritual de seus próprios discípulos. Se eu me colocasse no lugar de Cristo, penso que protestaria: "Vocês realmente acham que estou preocupado com o fato de haver apenas um pão? Se com cinco pães alimentei cinco mil homens — além de mulheres e crianças — e com sete pães alimentei outros quatro mil, como podem pensar que, em minhas mãos, um único pão não seria suficiente para treze pessoas?".

Toda a repreensão de Jesus enfoca a dureza de coração, a cegueira e a incapacidade dos discípulos de perceberem seu poder provedor: "Vocês ainda não percebem nem compreendem? Têm o coração endurecido? Tendo olhos, não veem? E, tendo ouvidos, não ouvem?" (Mc 8.17-18). E ainda conclui com a pergunta: "Vocês ainda não compreendem?" (Mc 8.21).

Permita-me explicar o que penso ser a razão de tamanha cegueira dos discípulos diante da fonte divina de provisão encarnada entre eles. Quando foram questionados sobre a quantidade de pães, os discípulos realizaram um levantamento junto à multidão e, ao final, informaram que havia sete pães. No entanto, havia na verdade oito pães! Marcos registra esse detalhe: "Ora, os discípulos se esqueceram de levar pão e, no barco, não tinham consigo senão um só" (Mc 8.14). Se eles não trouxeram pão para a viagem e, ainda assim, havia um pão já presente no barco, é evidente que esse pão estava ali no momento da contagem inicial dos pães.

O fato é que os discípulos não incluíram o próprio pão na contagem. Recolheram os pães da multidão, mas retiveram o que era deles. E é improvável — se não impossível — que nenhum deles, nem mesmo aquele que havia deixado o pão no barco, desconhecesse a sua existência. Ainda assim, optaram por não o entregar a Jesus junto aos demais. Isso é avareza. E, ao contrário da generosidade — que conduz à revelação da generosidade e da provisão divinas —, a avareza nos coloca em oposição a Deus e nos mergulha na cegueira espiritual, impedindo-nos de perceber a manifestação da sua provisão.

Por que Cristo afirmou que não percebiam nem compreendiam? Por que declarou que seus corações estavam endurecidos? Por que disse que tinham olhos, mas não viam; ouvidos, mas não ouviam? O próprio texto nos dá a sequência de explicação:

> — *Não se lembram* de quando parti os cinco pães para os cinco mil, *quantos cestos cheios de pedaços vocês recolheram*?
>
> Eles responderam:
>
> — Doze!
>
> — E de quando parti os sete pães para os quatro mil, quantos cestos cheios de pedaços vocês recolheram?
>
> Responderam:
>
> — Sete!
>
> Ao que Jesus lhes disse:
>
> — Vocês ainda não compreendem?
>
> Marcos 8.18b-21

Jesus os faz recordar o resultado da primeira multiplicação: doze cestos cheios foram recolhidos após o milagre. Ou seja, depois de toda a multidão saciada, a sobra foi maior do que a quantidade inicial de pães — sinalizando, claramente, a generosidade divina. Cada um dos doze apóstolos que distribuíram os alimentos retornou com seu cesto cheio.

Contudo, na segunda multiplicação, embora o número dos apóstolos fosse o mesmo, apenas sete cestos cheios foram recolhidos. Essa mudança não é um dado aleatório. A diferença de cinco cestos a menos revela algo importante, especialmente considerando a pergunta final de Jesus: "Vocês ainda não compreendem?".

Cinco dos doze apóstolos não voltaram com cestos cheios. Isso me leva a refletir — e ressalto que não apresento isso como doutrina inquestionável, mas como uma ponderação: talvez cinco dos doze apóstolos tenham participado da "conspiração" do pão retido. A lição que extraí desse texto, há muitos anos, é clara: se alguém não entrega seus recursos a Jesus, certamente isso não o impedirá de alimentar a multidão e realizar sua obra. O Senhor continuará suprindo e cumprindo seus propósitos. No entanto, quem retém para si o que poderia ter entregado priva-se de participar da multiplicação e de carregar os cestos cheios no final.

Trata-se de uma lei espiritual: assim como há reciprocidade na revelação de Deus segundo nossas atitudes, expressar generosidade nos conduz à revelação da generosidade divina. Por outro lado, expressar avareza nos manterá em cegueira espiritual e endurecimento de coração, sem qualquer revelação.

O propósito da generosidade

Enfatizei, desde o princípio, a razão de sermos generosos: agir como imitadores de Deus, refletindo seu caráter generoso. Abordei também como nossas atitudes determinam a revelação divina que teremos; e, nesse caminho, mostrei que escolher andar em generosidade nos leva a uma revelação progressiva da generosidade do Senhor, a qual nos conduz às manifestações sobrenaturais de provisão e prosperidade.

Sim, a generosidade conduz à prosperidade! Muitos imaginam que o generoso só pode agir assim porque já possui recursos abundantes, tornando sua generosidade consequência da prosperidade. Mas a ordem de *causa e consequência* é inversa: é porque escolhemos ser generosos que prosperamos:

> A quem dá liberalmente,
> ainda se lhe acrescenta mais e mais;
> ao que retém mais do que é justo,
> ser-lhe-á em pura perda.
> *A alma generosa prosperará,*
> e quem dá a beber será dessedentado.
>
> Provérbios 11.24-25, ARA

O resultado da liberalidade é evidente: "a quem dá liberalmente, ainda se lhe acrescenta mais e mais". O texto é claro: o aumento dos recursos vem em resposta à atitude generosa. Como também afirma o Senhor:

> *Deem e lhes será dado*; boa medida, prensada, sacudida e transbordante será dada a vocês; porque com a medida com que tiverem medido vocês serão medidos também.
>
> Lucas 6.38

As Escrituras confirmam, vez após vez, a ordem correta de causa e efeito:

> O generoso *será abençoado,*
> *porque* reparte o seu pão com os pobres.
>
> Provérbios 22.9

O generoso será abençoado porque reparte, e não o contrário. Não podemos inverter a ordem e esperar que, somente após sermos abençoados, então poderemos ser generosos. A generosidade não é fruto da abundância; ela é o caminho que conduz à abundância.

Entretanto, qual é o propósito de prosperarmos sob a bênção de Deus? Por que o Senhor promete celeiros cheios e lagares transbordantes, como afirma Provérbios 3.9-10? Prosperar é um fim em si mesmo? A resposta bíblica é não. A prosperidade é parte de um sistema divino que visa perpetuar e ampliar a generosidade, abençoando tanto pessoas quanto o reino de Deus.

Infelizmente, muitos cristãos apresentam resistência sempre que falamos sobre prosperidade financeira. Em parte, isso decorre de preocupações legítimas diante das distorções que de fato acontecem. Contudo, não podemos deixar de ensinar o que a Escritura afirma com clareza. A melhor forma de combater os ensinos distorcidos não é o silêncio, mas a instrução correta.

Por essa razão, voltemos ao texto de 2Coríntios 9, de onde extraímos princípios fundamentais. Depois de ensinar que devemos expressar generosidade (não avareza), que a colheita é proporcional à semeadura e que a alegria no ato de dar é indispensável, o apóstolo Paulo prossegue dizendo:

> Deus pode tornar abundante em vocês toda graça, *a fim de que*, tendo sempre, em tudo, ampla suficiência, *vocês sejam abundantes em toda boa obra*, como está escrito: "Distribuiu, deu aos pobres, a sua justiça permanece para sempre". E *Deus, que dá semente ao que semeia e pão para alimento, também suprirá e aumentará as sementes e multiplicará os frutos da justiça de vocês*. Assim, *vocês serão enriquecidos em tudo para toda generosidade*, a qual, por meio de nós, resulta em orações de gratidão a Deus.
>
> 2Coríntios 9.8-11

O propósito da abundância é nítido: sermos supridos para abundarmos em toda boa obra — isto é, repartir com os necessitados. A generosidade não é mero resultado da provisão; ela é a finalidade para a qual a provisão existe.

Contudo, para que possamos transbordar sobre outros, é necessário que tenhamos não apenas o suficiente para nós, mas toda suficiência — como afirma o texto original. O termo grego *pás*, traduzido aqui como "ampla", apresenta o sentido da palavra sob dois ângulos: primeiro, no individual, significando "cada, todo, algum, tudo, o todo, qualquer um, qualquer coisa"; segundo, no coletivo, significando "todas as coisas, algo de todos os tipos".[1] Ou seja, Deus deseja que tenhamos "toda" suficiência — não apenas o bastante para sobreviver, mas o suficiente para sermos um canal de bênção.

O apóstolo Paulo expõe o mesmo princípio em Efésios 4.28:

> Aquele que roubava não roube mais; pelo contrário, trabalhe, fazendo com as próprias mãos o que é bom, *para que tenha o que repartir com o necessitado*.

[1] Bible Hub, verbete *pás*, G3956, <https://biblehub.com/greek/3956.htm>.

Em outras palavras, a prosperidade não é uma represa, mas um rio. Não existe acúmulo estagnado: o que entra deve fluir, pois, enquanto houver saída, haverá entrada. Assim funciona o ciclo divino da generosidade.

Infelizmente, muitos têm pregado prosperidade como se o objetivo fosse apenas acumular bens. Esse não é o propósito de Deus. A provisão deve fluir tanto para o sustento do seu reino quanto para socorrer os necessitados. Por isso, a distinção bíblica entre pão e semente é essencial: "Deus, que dá semente ao que semeia e pão para alimento" (2Co 9.10).

Todo agricultor sabe que uma parte da colheita se come (pão) e outra parte se planta (semente). Quem come a semente sabota sua colheita futura. Assim também, uma parte de nossa renda é para o nosso sustento e outra parte deve ser destinada à generosidade. Pão alimenta; semente perpetua.

Precisamos entender e praticar a generosidade. Muitos não acessam aquilo que poderiam receber de Deus por conta de seu egoísmo e avareza. Tiago advertiu: "Pedem e *não recebem, porque pedem mal*, para esbanjarem em seus prazeres" (Tg 4.3). Não basta pedir; é necessário pedir com um coração generoso. Quando o alvo da oração é apenas nosso próprio prazer e bem-estar, ela perde seu poder de acesso ao coração de Deus.

A oração de muitos cristãos não tem sido atendida por uma razão clara: eles pedem mal. Não basta fazer a coisa certa — como orar —, é necessário fazer do jeito certo. E qual é, segundo as Escrituras, o motivo pelo qual algumas orações são ignoradas por Deus?

A definição bíblica de "pedir mal" é esta: pedir para esbanjar em prazeres próprios. Ou seja, orações que não nascem de um coração generoso, disposto a repartir, mas que visam exclusivamente o bem pessoal, não são respondidas. As súplicas motivadas por egoísmo não encontram respaldo diante do Senhor. O propósito da bênção nunca pode ser apenas o benefício individual. A generosidade precisa estar no centro da motivação — tanto ao pedir quanto ao receber.

Aprendi, há muito tempo, que a maneira mais eficaz de chamar a atenção de Deus é focar os outros, não a nós mesmos. O próprio Senhor declarou isso no caso de Jó: "O SENHOR restaurou a sorte de Jó, quando este orou pelos seus amigos" (Jó 42.10). A mesma lição pode ser encontrada nas palavras do anjo que apareceu a Cornélio:

> Um dia, por volta das três horas da tarde, durante uma visão, esse homem viu claramente um anjo de Deus que se aproximou dele e lhe disse:
>
> — Cornélio!
>
> Este, fixando nele os olhos e possuído de temor, perguntou:
>
> — O que é, Senhor?
>
> E o anjo lhe disse:
>
> — As suas orações e as *suas esmolas subiram para memória diante de Deus.*
>
> Atos 10.3-4

O ser celestial assegurou que as esmolas de Cornélio — sua generosidade para com os necessitados — "subiram para memória diante de Deus", ou seja, chamaram a atenção de Deus e abriram-lhe as portas de uma nova dimensão espiritual.

Escolha a generosidade.

Exercite-se nela.

Aperfeiçoe-a continuamente.

E comprove, em sua própria vida, a realidade desses princípios divinos.

7

INTEGRIDADE NAS FINANÇAS

Cuide bem da sua integridade,
e Deus cuidará da sua prosperidade.

CHARLES SPURGEON

Antes de ingressar no ministério em tempo integral, trabalhei em um banco. Era comum ouvir alguns gerentes instruindo-nos a mentir, dizendo que não estavam na agência quando clientes ligavam. Nunca aceitei fazer isso. Sempre deixava claro: ou eles atendiam o telefone ou eu informaria a verdade.

Logo nas primeiras vezes que tomei essa postura, o gerente principal ameaçou me demitir. Pedi-lhe desculpas por dar a impressão de que queria prejudicá-lo, mas expliquei minhas razões. Disse-lhe ainda que, se me despedisse por me recusar a mentir, faria questão de que ele registrasse formalmente que o motivo da minha demissão seria esse: honestidade e recusa à mentira. Não fui demitido. Com o tempo, todos os gerentes daquela agência reconheceram que eu não mentiria por eles em hipótese alguma. Embora tenha sido difícil no início, eles passaram a respeitar minha decisão de manter a integridade. E, se não o fizessem, eu deixaria o emprego para honrar o Senhor.

Deus deseja ser honrado não apenas por meio de nossos dízimos e ofertas, mas em tudo o que fazemos com nossos bens e recursos. A integridade e a honestidade são expressões de honra ao Senhor — valores complementares, não concorrentes, à generosidade.

Nosso testemunho e nossa conduta influenciam fortemente a forma como os outros — sobretudo os não crentes — percebem nossa fé. Por isso, é essencial cultivarmos uma boa administração, integridade e responsabilidade para com dívidas.

Contudo, nem todos os que tropeçam financeiramente o fazem por maldade. Muitos são vítimas de desorganização. Incapazes de controlar seus gastos, vivem de empréstimos, cheque especial e cartões de crédito, acumulando dívidas e pagando altos juros. Após décadas pastoreando, posso afirmar que é comum ver famílias perderem casas e outros bens por não conseguirem honrar compromissos assumidos.

No entanto, as verdadeiras perdas não são apenas materiais, mas espirituais e testemunhais. Quando não honramos nossas obrigações financeiras, prejudicamos nosso testemunho cristão. A prática de um orçamento pessoal e familiar é, além de uma boa estratégia administrativa, uma forma de proteger nossa integridade e nosso testemunho.

O princípio do orçamento

O orçamento é uma ferramenta indispensável para uma administração financeira responsável. No planejamento das contas domésticas, em uma aquisição específica ou em qualquer outro empreendimento, o orçamento deve sempre estar presente.

Jesus usou um exemplo financeiro para ilustrar uma verdade espiritual sobre o discipulado:

> Pois qual de vós, querendo edificar uma torre, não se senta primeiro a *calcular as despesas*, para ver se tem com que a acabar? Para não acontecer que, depois de haver posto os alicerces, e não a podendo acabar, todos os que a virem comecem a zombar dele, dizendo: Este homem começou a edificar e não pôde acabar.
>
> Lucas 14.28-30, ARC

Jesus considerou natural e lógico o ato de calcular previamente o custo de um empreendimento. Se quisermos honrar o Senhor em nossa vida financeira, devemos agir com prudência e planejamento.

Elaborar um orçamento é simples:

1. Liste suas entradas (salário, rendimentos etc.).

2. Deduza as despesas fixas (dízimos, ofertas, moradia, contas, transporte, saúde, alimentação, vestuário, educação etc.).
3. Reserve uma margem para imprevistos (farmácia, manutenção, reparos).

Imprevistos são chamados assim porque não sabemos quando ou quais serão, mas é certo que acontecerão. Portanto, preparar-se para esses eventos é imprescindível.

Caso suas despesas superem sua renda, é necessário agir. E isso deve ser feito através de uma das seguintes opções (ou a combinação de ambos):

- aumentar a receita;
- reduzir as despesas, ajustando o padrão de vida.

Sem isso, o desequilíbrio resultará em endividamento crescente, gerando não apenas problemas financeiros, mas também escândalos e tropeços espirituais, como a Palavra adverte:

> [...] tendo o vosso viver honesto entre os gentios, para que, naquilo em que falam mal de vós, como de malfeitores, glorifiquem a Deus no dia da visitação, pelas boas obras que em vós observem. [...] Porque assim é a vontade de Deus, que, fazendo o bem, *tapeis a boca à ignorância dos homens loucos;* como livres e não tendo a liberdade por cobertura da malícia, mas como servos de Deus.
>
> 1Pedro 2.12,15-16, ARC

A melhor defesa contra acusações e difamações é o bom testemunho, evidenciado por uma vida íntegra.

Infelizmente, muitos crentes têm sido uma oportunidade para os que querem falar mal da fé, em especial pela sua falta de testemunho na vida financeira. Por que isso acontece tanto?

Como pastor há mais de três décadas, tenho percebido, em muitas e muitas horas de aconselhamento com pessoas com a vida financeira arrebentada, que, na maioria das vezes, a intenção não é lesar ninguém através de inadimplência ou calote, mas o que acontece se origina da pura falta de controle. Esse tipo de mau testemunho acontece não só por dolo e maldade, mas também porque não temos o hábito de trabalhar com orçamentos, ocasionando um descontrole, o qual, por sua vez, gera dívidas maiores que os ganhos — e, com os juros aumentando o rombo, leva à bancarrota. E isso não remove a culpa nem o mau testemunho; só desgasta o que pensamos sobre as intenções da pessoa!

Muitas pessoas, no entanto, dizem-se cristãs, mas não têm escrúpulo algum. São maldosas e ganham dinheiro com lucros desonestos, mentiras, roubos, sonegações de impostos e outras quebras de princípios. Vivendo dessa forma, não serão os dízimos e as ofertas entregues na igreja que as colocarão na posição de estarem honrando o Senhor com seus bens. O que essas pessoas fazem em sua vida financeira contradiz e anula qualquer prática de honra financeira que queiram dar ao Senhor nos cultos! É hora de mudarmos a nossa atitude se desejamos que o Senhor nos honre em nossas finanças.

Preservando o testemunho

Tudo o que fazemos deve promover glória a Deus, até mesmo o que comemos ou bebemos (1Co 10.31); portanto, não podemos presumir que questões da vida natural não se relacionam com as da vida espiritual. Somos chamados para glorificar a Deus por meio da nossa conduta e das nossas obras:

> Assim brilhe também a luz de vocês diante dos outros, para que *vejam as boas obras que vocês fazem e glorifiquem o Pai de vocês,* que está nos céus.
>
> Mateus 5.16

Infelizmente, muitos fazem o oposto em sua vida financeira. As pessoas querem olhar para nós e testemunhar uma conduta diferente. Aprendi a enxergar isso de modo mais profundo através de uma experiência que, emocionalmente, foi muito dolorosa para mim.

Em 2002, tomei a decisão de romper com tudo o que significasse algum comodismo no ministério e, ao seguir uma direção de Deus para essa nova fase, decidi começar tudo de novo. Mudamo-nos para uma nova cidade a fim de iniciar uma nova igreja — e, a partir dela, várias outras. Ao fazê-lo, fui aconselhado a levar comigo uma equipe, pois isso me permitiria estabelecer o novo trabalho sem impedir minhas viagens para ministrar em outras igrejas. Fomos em seis famílias em tempo integral e nos lançamos numa série de projetos para que pudéssemos nos manter.

Com muita fé, e também sem poupar esforços no trabalho, vimos Deus nos abençoando e nos levando a muitas conquistas. Nossos registros acusaram um investimento de muitos milhares de reais só no período inicial de um ano e meio, no ministério de literatura, como também para suprirmos as necessidades da igreja e mantermos as famílias que nos acompanharam. Para isso, nós nos desfizemos de bens pessoais, trabalhamos arduamente, baixamos nosso padrão de vida e passamos por um tempo de aperto financeiro. Na hora de pagarmos as contas, tínhamos uma filosofia: os aluguéis e as contas pessoais na cidade eram prioridade e jamais poderiam ser atrasados. Nossa preocupação era mantermos um bom testemunho.

Por outro lado, contas como as de telefone e de instituições financeiras eram as últimas a serem pagas, pois dizíamos entre nós mesmos: "Essas companhias não sabem quem você é, mas as pessoas da cidade sabem!". Nunca agimos de má-fé e sempre quitamos todas as nossas contas. Houve ocasiões em que aproveitamos a tolerância de pagarmos os telefones com atraso, dentro do prazo de tolerância da companhia, mas com os devidos juros.

No fim desse período, mesmo sem ter tudo em perfeita ordem, sentia-me um herói! Eu havia edificado e construído algo belo para o reino de Deus. Também havia me doado de forma singular ao Senhor e ao seu trabalho. Eu achava que era um exemplo, até que um pastor amigo de outra cidade me chamou para uma conversa. Ele me explicou que havia deparado com uma situação constrangedora e gostaria de abrir aquilo comigo, a fim de me ajudar. Então me contou que sua esposa havia adotado a primeira edição deste nosso livro como leitura obrigatória para as pessoas sob sua liderança e discipulado, e que muitos foram abençoados. Porém, uma pessoa a havia procurado para uma conversa pastoral. Ela disse que o que eu ensinava sobre honra nas finanças era racionalmente certo, mas que o coração dela estava fechado para me ouvir ensinar nessa área, pois ela trabalhava na operadora do meu telefone celular e tinha acesso a algumas informações, como o fato de que minhas faturas telefônicas estavam atrasadas naquele momento. E ela questionava: "Como ele pode pregar sobre honra nas finanças se está com as contas telefônicas atrasadas?".

Naquele momento, senti o chão sumindo debaixo dos meus pés! Primeiro, por achar que informações como essas deveriam ser confidenciais; segundo, por não entender qual era o pecado de eu atrasar uma conta que não havia chegado a ser encaminhada para o Serasa, pois tinha sido quitada dentro de pouco tempo após seu vencimento.

Retruquei imediatamente ao meu amigo pastor que a pessoa errada não era eu, mas sim ela, e que ela teria problemas se eu denunciasse o ocorrido à companhia telefônica! Disse-lhe que ela era quem havia quebrado as regras ao expor a minha situação, mas que eu não havia feito nada de errado. Lembrei-o do quanto, em termos de recursos financeiros, estávamos injetando nos projetos do reino de Deus. Afirmei que aquela funcionária da companhia telefônica não sabia por que uma pequena conta como aquela às vezes ficava atrasada e argumentei bastante com ele. Mas não adiantou! Ele estava lá para abrir meus olhos.

Então, ele me disse que, no nível de ministério ao qual eu já tinha chegado, não me era mais permitido não pagar a conta do celular em dia. Lembrou-me de que as pessoas nos olham no ministério esperando de nós modelos de integridade e boa conduta, e que elas nunca ficarão sabendo que atrasamos uma pequena conta por termos investido muito mais do que isso no reino de Deus. E ele me deu uma boa ilustração. Falou-me de como são os jogos de videogame da garotada. Cada vez que você passa de nível, há um novo desafio. Os inimigos são mais sutis e difíceis. Ele fez uma analogia ao ministério. A cada novo nível, maior é a cobrança. E, por fim, advertiu-me:

— Você é um homem de fé. Mude o que pensa sobre o assunto. Esqueça essa história de que a grande companhia não sabe quem você é. Ore por cada conta e dê o exemplo ao pagá-la em dia. Lembre-se sempre das pessoas que o ouvirão ensinando e pregando, que lerão seus livros e que não sabem que quase tudo o que você ganha vai para o reino de Deus. Já que elas não podem saber o quanto você investe, deixe pelo menos que elas saibam que as suas contas estão todas em dia!

Confesso que poucas conversas tiveram um impacto tão grande sobre as minhas ações como essa. Entendi o dilema daquela irmã, que não quis me expor, mas que só abriu o coração numa confidência pastoral. Acredito que Deus usou isso para chamar minha atenção a detalhes aos quais eu nunca tinha dado a devida atenção. Assim, decidi manter qualquer conta em dia, não me arriscar mais em empreendimento algum nem abusar da tolerância de crédito dos cartões e bancos — ou de qualquer outra coisa do gênero.

Reconheço que me senti muito mal a princípio e que chorei envergonhado em meu momento a sós com Deus. Não achei justo estar me doando ao Senhor como eu estava e ainda ouvir alguém dizendo que eu não tinha um bom testemunho nessa área. Mas o fato é que, aos olhos daquela pessoa, naquele momento e com as informações que ela possuía, eu realmente não tinha um bom testemunho.

Creio que nunca saberei quem é essa moça. Mas agradeço a Deus por tê-la usado (mediante seu desabafo numa confissão pastoral), bem como o pastor dela, para que eu mudasse meus conceitos, minhas decisões e minha filosofia de vida nessa área. Redobrei o cuidado e decidi firmemente em meu coração que eu nunca mais serviria de tropeço a ninguém.

Nossos olhos normalmente não enxergam, como os dos outros, o que pode ser um mau testemunho na área financeira. Reveja seu coração, seus princípios, suas práticas e sua filosofia de vida nas finanças. E permita que essa esfera de sua vida também promova a glória de Deus.

Um alerta sobre as dívidas

O que a Bíblia ensina acerca das dívidas?

O compromisso financeiro não é apenas uma questão de contrato civil — o que já deveria ser visto como algo sério. Para o cristão, é também uma expressão de sua integridade diante de Deus e dos homens.

> O *ímpio* pede emprestado e não paga;
> o *justo*, porém, se compadece e dá.
>
> Salmos 37.21

De um lado, o não pagamento de seus empréstimos é apresentado como o comportamento de um ímpio. De outro, o justo se compadece a ponto de dar — do que se presume que vá além de pagar suas dívidas. A instrução bíblica é clara:

> *Não fiquem devendo nada a ninguém*, exceto o amor de uns para com os outros. Pois quem ama o próximo cumpre a lei.
>
> Romanos 13.8

O cristão que contrai uma dívida assume um voto de pagamento. Ainda que, diante das leis humanas, possa haver brechas legais para escapar de determinadas obrigações, diante de Deus o compromisso assumido permanece válido.

O ideal é não viver em dívida. No entanto, caso precise contrair um empréstimo, que o faça com responsabilidade e planejamento, de modo que sua palavra e seu testemunho permaneçam ilesos. A restrição bíblica sobre as dívidas não significa comprar somente à vista; ela está relacionada, em caso de empréstimos, financiamentos ou compras parceladas, com não atrasar os vencimentos — embora meu conselho pessoal (de ordem administrativa) seja que se evite, ao máximo, esses compromissos.

A quebra de compromissos financeiros pode desonrar não apenas o cristão enquanto indivíduo, mas também a fé que ele professa e a comunidade da qual faz parte. Por isso, zelo e cautela com o crédito, o endividamento e o cumprimento pontual dos pagamentos devem ser valores inegociáveis para todo cristão.

Algumas dívidas são fruto de imprevistos, como doenças, acidentes ou perdas inesperadas de emprego. Nesses casos, não devemos julgar ou condenar quem enfrenta dificuldades; pelo contrário, devemos ajudá-los sempre que possível: "Levem as cargas uns dos outros e, assim, estarão cumprindo a lei de Cristo" (Gl 6.2). Todavia, há casos em que a dívida resulta de falta de controle, ganância ou consumo irresponsável. Quando isso ocorre, o cristão precisa reconhecer seu erro, buscar orientação e tomar medidas corretivas com humildade e firmeza. O arrependimento tem que ser seguido de disposição de conserto.

Já vimos que imprevistos só são assim denominados porque não se sabe o que ou quando vai acontecer. Mas é certo que eles ocorrerão, e devemos nos antecipar a eles. Provérbios aponta para a formiga, que trabalha com antecedência e prudência, como um exemplo a ser seguido por nós (Pv 6.6-8). O cristão deve administrar suas finanças com visão, planejamento, responsabilidade e precaução para eventuais contratempos.

Nosso comportamento financeiro fala alto a respeito da nossa fé. Muitos crentes, embora assíduos na igreja e fervorosos em seu culto, acabam comprometendo seu testemunho por causa de maus hábitos financeiros.

É lamentável quando o nome de Deus é desonrado por escândalos financeiros. A orientação de Paulo a Tito sobre a conduta correta dos cristãos tem um destaque objetivo: "para que a palavra de Deus não seja difamada" (Tt 2.5), "para que o adversário seja envergonhado, não tendo nada de mau a dizer a nosso respeito" (Tt 2.8), e ainda: "a fim de que, em todas as coisas, manifestem a beleza da doutrina de Deus, nosso Salvador" (Tt 2.10). A Escritura é clara quanto à necessidade de irrepreensibilidade, especialmente entre *líderes* cristãos: "Porque é indispensável que o bispo, por ser encarregado das coisas de Deus, seja irrepreensível" (Tt 1.7). O bom testemunho é requerido sobretudo diante dos não crentes: "É necessário, também, que ele tenha bom testemunho dos de fora" (1Tm 3.6).

Integridade financeira é uma extensão da integridade espiritual. Não há verdadeira santidade dissociada da retidão nas finanças. O modo como lidamos com as riquezas temporais revela nossa maturidade espiritual e define nossa capacidade de receber ou não maiores responsabilidades no reino.

Princípios de integridade

Vivemos numa sociedade em que "prosperar" tornou-se sinônimo de "lutar com habilidade nos negócios". No entanto, a ideia de competitividade no universo capitalista foi substituída por uma verdadeira guerra na qual vale tudo. Em nome da sobrevivência e com forte expressão de egoísmo, muitos alegam que aprenderam a conduzir seus negócios baseados na mentira, na desonestidade e em passar a perna nos outros, tornando o jogo cada vez mais duro e sem escrúpulos.

Diante desse cenário, surge a pergunta: como deve ser a conduta do cristão na área financeira, quando é tão fácil ser seduzido por esse sistema mundano, que colide frontalmente com os valores bíblicos? Deus espera que não nos conformemos com este mundo, mas que sejamos transformados pela renovação da nossa mente (Rm 12.2).

Precisamos deixar que os valores da Palavra de Deus encham nosso coração a ponto de mudarmos por completo de atitude e pensamento. A Bíblia apresenta princípios de integridade que precisamos absorver e praticar:

> Quem, SENHOR, habitará no teu tabernáculo?
> Quem há de morar no teu santo monte?
> O que *vive com integridade, e pratica a justiça,*
> e, de coração, fala a verdade;
> o que não difama com sua língua,
> não faz mal ao próximo,

nem lança injúria contra o seu vizinho;
o que, a seus olhos, tem por desprezível ao réprobo,
mas honra aos que temem ao SENHOR;
o que jura com dano próprio e não se retrata;
o que não empresta o seu dinheiro com usura,
nem aceita suborno contra o inocente.
Quem deste modo procede não será jamais abalado.

Salmos 15.1-5, ARA

Não furtem, não mintam, nem usem de falsidade uns com os outros. [...] Não oprima nem roube o seu próximo. Que o pagamento do trabalhador diarista não fique com você até a manhã seguinte. [...] Não seja injusto ao julgar uma causa, nem favorecendo o pobre, nem agradando o rico; julgue o seu próximo com justiça.

Levítico 19.11,13,15

Não deve, portanto, haver lugar para a prática de roubos, furtos, desonestidade, mentira, manipulação, engano e qualquer outro desvio da verdade em nossa vida.

A base de todo tratamento que dispensamos ao próximo deve ser a justiça e a integridade. Quem faz vista grossa para isso, querendo lucrar depressa, não conhece o que a Palavra de Deus diz sobre o futuro dos que são desonestos nos negócios:

Como a perdiz que choca ovos que não pôs,
assim é aquele que *ajunta riquezas, mas não retamente;*
no meio de seus dias, as deixará,
e no seu fim será insensato.

Jeremias 17.11, ARA

Queremos agora examinar um pouco mais o que as Sagradas Escrituras têm a dizer acerca dessas áreas em que tanto necessitamos de mudança e compreensão.

Balança justa

Crescemos convivendo com a ideia — e, lentamente, absorvendo-a — de que "o mundo é dos espertos" e que "a melhor forma de se ganhar dinheiro é tirando vantagem dos outros". Mas, ao edificarmos nosso negócio nessas bases, estamos trazendo sobre nós um princípio de maldição, e não de bênção.

A Palavra do Senhor revela que devemos ser justos em nossos negócios. Uma conhecida e antiga prática de "esperteza" nos negócios era o uso de pesos falsos nas balanças para se vender menos por mais aos compradores. Eles usavam um outro peso, diferente do padrão, para lesar os compradores. Observe o que as Escrituras ensinam sobre isso:

> Dois pesos *são coisa abominável ao* SENHOR,
> e balança enganosa não é boa.
>
> Provérbios 20.23, ARA

Alguém que deseje honrar o Senhor em sua vida financeira não pode praticar, em seus negócios, o que o próprio Deus chama de abominação. Todo tipo de defraudação e engano é algo abominável ao Senhor. Isso não somente deixa de dar-lhe honra, mas também o desonra!

Falar a verdade

Outro princípio errado — e que, portanto, não permite a bênção decorrente da integridade na vida de alguém — é a mentira. A bênção divina está ligada à presença do próprio Deus, e sua presença em nossa vida está condicionada à prática de determinados princípios, como falar a verdade:

> Quem, SENHOR, habitará no teu tabernáculo?
> Quem há de morar no teu santo monte?
> O que vive com integridade, e pratica a justiça,
> e, de coração, *fala a verdade.*
>
> Salmos 15.1-2

Muitas pessoas já associaram à venda de algo a ideia de que, para ter êxito, é necessário mentir ou exagerar um pouco nos detalhes do produto. Inúmeros negócios estão fundamentados nesse falso alicerce. Mas, na vida daquele que quer honrar o Senhor, não há espaço para esse tipo de prática, pois ela ofende a Deus.

Os lábios mentirosos *são abomináveis ao* SENHOR,
mas os que agem fielmente *são o seu prazer*.

Provérbios 12.22

A mentira é chamada de algo "abominável" ao Senhor, e nada do que alguém diga para argumentar diminui a intensidade desse merecido adjetivo dado pela Palavra de Deus. Por outro lado, os que agem fielmente agradam ao Pai celestial.

Conheço crentes que não mentem para efetuar suas vendas em seus negócios. Mesmo assim, eles prosperam; não pelo engano, mas com a bênção de Deus! Além disso, um dos motivos pelos quais eles possuem uma carteira de clientes fiéis se deve ao fato de que são dignos de confiança. A bênção começa nessas coisas pequenas aos nossos olhos, mas relevantes aos olhos de Deus. Falar a verdade é um princípio de integridade que traz bênçãos sobre nossa vida. Precisamos crer nisso de coração e passar a viver segundo essa convicção.

Cumprir nossa palavra

Além da questão da mentira em si, há também o princípio de cumprirmos nossa palavra — ou de não quebrarmos nossas promessas. É lógico que a segunda não deixa de ser mentira, mas talvez a diferença seja medida pela desculpa que dão de que, na hora em que prometeram, não tinham a intenção de não cumprir. Como podemos crer nas promessas de Deus e tratá-las como imutáveis e irrevogáveis se criamos para nós mesmos uma espécie de relatividade em nossos conceitos de verdade e cumprimento de promessas?

Quando o diabo consegue fazer com que assimilemos essas práticas mundanas, além de nos roubar a bênção financeira ele também consegue criar em nós uma imagem errada, que nos prejudica em nosso relacionamento com Deus.

Entre os princípios de integridade abordados, está o de jurarmos e não mudarmos, ainda que com dano próprio:

Quem, SENHOR, habitará no teu tabernáculo?
Quem há de morar no teu santo monte? [...]
o que jura com dano próprio e não se retrata.

Salmos 15.1,4b

Eu já fiz muitas promessas das quais me arrependi depois, mas aprendi a cumprir minha palavra. Nos negócios, devemos fazer o mesmo.

Um cristão que quer honrar o Senhor não pode combinar uma coisa e depois fazer outra. Ele não pode simplesmente voltar atrás em sua palavra, como se não tivesse prometido nada. Essas atitudes podem até parecer que ajudam a gerar lucros, mas, no fim, sempre percebemos que lucrar com a falta da bênção divina não compensa.

Há muitos crentes que são roubados pelo diabo em seus negócios porque abrem a porta da maldição pela sua falta de palavra, que é uma mentira! Para honrar o Senhor — e sermos honrados por ele — precisamos aprender a falar somente aquilo que cumpriremos. E, se por acaso prometermos algo do qual venhamos a nos arrepender depois, então devemos honrar essa palavra mesmo que ela nos traga prejuízos.

Não roubar

Roubar nos negócios é uma prática antiga, e a advertência divina contra isso também é milenar. A desonestidade de se vender menos por mais (roubar tanto na quantidade como na qualidade) é abominável ao Senhor. E há tantos cristãos agindo assim!

Já falamos sobre o princípio da balança justa, mas quero afirmar que lesar alguém pelo engano também é roubar, pois envolve uma perda imposta a alguém. Deus diz que odeia o roubo. Portanto, devemos fugir disso se queremos dar-lhe a honra:

> Porque eu, o SENHOR, amo o juízo
> e *odeio a iniquidade do roubo*;
> dar-lhes-ei fielmente a sua recompensa
> e com eles farei aliança eterna.
>
> Isaías 61.8, ARA

Não podemos roubar. A justiça tem que ser a base de nossos negócios. Os lucros injustos podem parecer bons, por serem mais fáceis, mas, no futuro, o que nos livrará da maldição e do juízo divino é a integridade:

> Os tesouros da impiedade de nada aproveitam,
> mas a justiça livra da morte.
>
> Provérbios 10.2

> O justo tem o bastante para satisfazer o seu apetite,
> mas o estômago dos perversos passa fome.
>
> Provérbios 13.25

A integridade pode parecer mais cara hoje, mas o futuro demonstrará que ela é o caminho mais lucrativo. Há crentes que roubam seu patrão usando os materiais da empresa em benefício próprio, fazendo ligações telefônicas pessoais, recebendo por horas em que não há produtividade etc. Isso não é honrar o Senhor em nossas finanças. E muitas vezes eles se justificam tentando negar que isso seja um roubo, mas toda apropriação indevida do que não nos pertence é roubo, e ponto-final! O apóstolo Paulo precisou dar a seguinte instrução aos crentes da igreja de Éfeso: "aquele que furtava, não furte mais" (Ef 4.28).

Será que aqueles irmãos já não sabiam disso? A verdade, no entanto, é que muitas vezes roubamos sem admitir que se trata de roubo. Ainda assim, trata-se de pecado e, na qualidade de uma quebra de integridade, terá seu preço de ausência de bênção.

Meu primeiro emprego foi como office boy numa repartição estadual. Certa vez, comentei com um outro irmão mais maduro na fé que, embora o salário não fosse lá aquelas coisas, as regalias compensavam. Ao ser indagado sobre essas regalias, mencionei que tirávamos fotocópias de graça ali. E, sem nenhuma preocupação em me agradar, esse irmão me chamou de ladrão e me deu o maior sermão.

É lógico que ninguém gosta de levar bronca, mas não posso negar que o Senhor me convenceu de que o errado era eu! A partir daquele momento, parei de tirar as tais fotocópias e de usufruir daqueles "benefícios". Examine a sua vida e, mesmo que você não seja uma pessoa de negócios, pergunte a si mesmo se você não tem roubado nada.

Mais um lembrete: reter o dízimo também é roubar! Sonegar impostos também! Os patrões que lesam os funcionários em seus salários também estão roubando e terão perdas, em vez de bênçãos, por causa disso:

> Escutem, agora, ricos! Chorem e lamentem, por causa das desgraças que virão sobre vocês. As suas riquezas apodreceram, e as suas roupas foram comidas pelas traças. O seu ouro e a sua prata estão enferrujados, e essa ferrugem será testemunha contra vocês e há de devorar, como fogo, o corpo de vocês. Nestes tempos do fim, vocês ajuntaram tesouros. Eis que o *salário dos trabalhadores*

> que fizeram a colheita nos campos de vocês e que *foi retido com fraude* está clamando; e o clamor dos que fizeram a colheita chegou aos ouvidos do Senhor dos Exércitos.
>
> Tiago 5.1-4

Insisto em afirmar que só dizimar e ofertar na igreja não quer dizer que estamos dando honra ao Senhor. A forma como nos comportamos em relação ao uso do dinheiro e dos nossos bens (mordomia) revela se estamos, de fato, honrando ao Senhor ou não.

Não dar nem aceitar subornos

O suborno é uma quebra da lei, ou das regras estabelecidas, mediante o pagamento (ou recebimento) de propinas. Alguém que deveria executar o que é justo e estabelecido se vende por dinheiro, e quem deveria ser punido pelo seu erro compra a sua impunidade ou facilitação.

A prática do suborno envolve a mentira e a quebra de integridade, tanto de quem paga o suborno como de quem o recebe. Ao falar sobre quem habitaria ou não perante o Senhor, o salmista não deixou de fora da lista esse deslize; antes, o descreveu como algo que nos exclui da presença do Pai:

> O que não empresta o seu dinheiro com usura,
> nem aceita suborno contra o inocente.
> Quem deste modo procede não será jamais abalado.
>
> Salmos 15.5

A Palavra de Deus, na pregação de João Batista, ainda nos traz um pouco mais de luz sobre o assunto:

> Também soldados lhe perguntaram:
> — E nós, o que devemos fazer?
> E ele lhes disse:
> — Não sejam prepotentes, não façam denúncias falsas e *contentem-se com o salário* que vocês recebem.
>
> Lucas 3.14

Ao dizer aos soldados que se contentassem com o salário recebido, João Batista estava lhes dizendo claramente que eles deveriam viver do seu salário e não se vender à ganância por meio de subornos. Nossos policiais, fiscais e outras autoridades erram quando oferecem o caminho das propinas. E quem se propuser pagá-las — por já estar errando em alguma outra coisa — estará tão errado quanto os primeiros.

Conheço policiais militares e fiscais cristãos que não se vendem por dinheiro algum e, ao agirem assim, estão honrando o Senhor. Aparentemente, eles jogam fora o dinheiro e o enriquecimento rápido, mas sabem que esse é um princípio de Deus: o dinheiro que vem fácil vai fácil, pois não tem a bênção divina!

> Os bens que facilmente se ganham, esses diminuem,
> mas o que ajunta à força do trabalho terá aumento.
>
> Provérbios 13.11

O que parece ser tranquilo no começo trará seu preço mais tarde:

> Suave é ao homem o pão ganho por fraude,
> mas, depois, a sua boca se encherá de pedrinhas de areia.
>
> Provérbios 20.17

Infelizmente, há muitos crentes que aceitam o pagamento de subornos. Se você for pego com seu carro acima do limite de velocidade, não erre outra vez ao aceitar pagar um trocado em favor da sua liberação. Eu já fui tentado nesse sentido. O policial me disse que determinado valor era suficiente para ele fazer vista grossa ao meu erro. Eu disse que não pagaria a propina e que ele podia me multar, uma vez que eu reconhecia o erro. Ele me falou que a multa custaria muito mais — o que era verdade —, que não valia a pena querer ser moralista e que ele estava querendo me ajudar a não gastar. No entanto, fiquei firme em minha posição. E como foi custoso convencer aquele guarda a multar-me logo! E como foi custoso também pagar a multa depois!

As pessoas pensam no valor da multa e imaginam que é um desperdício pagá-la. E, de fato, é! Porém esse desperdício se dá na hora em que se infringe a lei, e não quando o guarda flagra o infrator. Depois de ser flagrado pela polícia, a propina se torna muito mais cara, espiritualmente falando, pela perda da integridade.

Não sonegar impostos

Outro assunto que necessitamos considerar, ao falar de integridade, diz respeito aos impostos. Estamos falando dos valores do reino de Deus e de renovar nossa mente a ponto de absorvê-los e praticá-los; portanto, vale questionar: o que as Escrituras Sagradas dizem acerca do pagamento de impostos?

Primeiramente, há de se reconhecer que se trata de uma ordem divina. Cristo foi claro acerca disso em seu ensino:

> Então os fariseus se retiraram e consultaram entre si como surpreenderiam Jesus em alguma palavra. E enviaram-lhe discípulos, juntamente com os herodianos, para lhe dizer:
>
> — Mestre, sabemos que o senhor é verdadeiro e que ensina o caminho de Deus de acordo com a verdade, sem se importar com a opinião dos outros, porque não olha para a aparência das pessoas. Assim sendo, diga-nos o que o senhor acha: é lícito pagar imposto a César ou não?
>
> Mas Jesus, percebendo a maldade deles, respondeu:
>
> — Hipócritas, por que vocês estão me pondo à prova? Mostrem-me *a moeda do imposto*.
>
> Trouxeram-lhe um denário. E Jesus lhes perguntou:
>
> — De quem é esta figura e esta inscrição?
>
> Eles responderam:
>
> — De César.
>
> Então Jesus lhes disse:
>
> — *Deem, pois, a César o que é de César* e a Deus o que é de Deus.
>
> Mateus 22.19-21

O cristão tem uma ordem — não uma sugestão — acerca de pagar os tributos. E deve fazer com a consciência correta. As autoridades civis são apresentadas na Bíblia como sendo "ministros de Deus":

> É por isso também que vocês *pagam impostos*, porque *as autoridades são ministros de Deus*, atendendo constantemente a este serviço. Paguem a todos *o que lhes é devido*: a quem *tributo*, tributo; a quem *imposto*, imposto; a quem respeito, respeito; a quem honra, honra.
>
> Romanos 13.6-7

Se agem com injustiça, responderão a Deus. Se não administram bem o dinheiro público, responderão àquele que lhes designou autoridade. Entretanto, o erro dos governantes não justifica o nosso. Quando pagamos tributos, nós o fazemos, em primeiro lugar, para honrar a Palavra de Deus.

Por outro lado, quando sonegamos, estamos mentindo e agindo de forma desonesta. Isso desonra a Deus, pois, além de uma desobediência direta ao mandamento divino, também compromete o bom testemunho que se espera de nós: "tendo conduta exemplar no meio dos gentios" (1Pe 2.12).

Muitos relativizam essa área da integridade e acabam negligenciando a honra devida ao Senhor. Honestamente, não há muito o que discutir sobre esse tópico. A interpretação é bem simples. A obediência ao mandamento é que pode ser, a princípio, indigesta. Mas, à medida que nossa forma de pensar se alinha às Escrituras, passamos a nos alegrar por viver de forma correta em cada aspecto da vida financeira.

Além de ser um caminho de bênção, a manutenção da integridade também é uma forma de honrarmos o Senhor. Não é uma opção, e sim uma condição exigida por Deus.

8

DIFERENTES TIPOS DE CONTRIBUIÇÃO

A graça não torna a contribuição algo opcional.

CHARLES C. RYRIE

Já estabelecemos que honrar o Senhor com nossos bens não se limita à contribuição financeira, mas também não a dispensa. Portanto, se desejamos verdadeiramente honrar a Deus nessa área, precisamos compreender o que as Escrituras ensinam sobre o tema.

Contribuir no reino de Deus é tão espiritual quanto orar. Não existe essa separação entre os aspectos "natural" e "espiritual" quando o assunto são nossas finanças. Vemos isso de forma clara na experiência de Cornélio:

> Um dia, por volta das três horas da tarde, durante uma visão, esse homem viu claramente um anjo de Deus que se aproximou dele e lhe disse:
>
> — Cornélio!
>
> Este, fixando nele os olhos e possuído de temor, perguntou:
>
> — O que é, Senhor?
>
> E o anjo lhe disse:
>
> — As suas orações e as *suas esmolas subiram para memória diante de Deus.*
>
> Atos 10.3-4

Note que o anjo coloca no mesmo nível as orações e as esmolas de Cornélio: ambas subiram diante de Deus. A contribuição, portanto, também é um ato espiritual.

Além disso, o texto usa a expressão "para memória", indicando que as ofertas funcionam como um memorial diante de Deus. Cada vez que contribuímos, estamos construindo esse memorial, do qual Deus não se esquece. As Escrituras Sagradas usam várias vezes esse conceito para manter acesa a expectativa de nosso coração de que a recompensa é certa. Como ensina o autor da carta aos Hebreus:

> Porque *Deus não é injusto para se esquecer* do trabalho que vocês fizeram e do amor que mostraram para com o seu nome, pois vocês serviram e ainda estão servindo aos santos.
>
> Hebreus 6.10

As esmolas mencionadas no relato de Cornélio são apenas um dos tipos de contribuição apresentados na Bíblia. Existem ainda os dízimos e as ofertas, como vemos em Malaquias:

> Será que alguém pode roubar a Deus? Mas vocês estão me roubando e ainda perguntam: "Em que te roubamos?" Nos *dízimos* e nas *ofertas*.
>
> Malaquias 3.8

Assim como no caso das esmolas, os dízimos e as ofertas são apresentados a nós como coisas que também produzem um memorial perante o Senhor. O contexto de Malaquias 3 nos mostra isso; depois de falar acerca dos dízimos e ofertas, Deus condena os que o têm como injusto e diz:

> Então os que temiam o SENHOR falavam uns aos outros. O SENHOR escutou com atenção o que diziam. *Havia um memorial escrito diante dele* para os que temem o SENHOR e para os que se lembram do seu nome.
>
> — Eles serão a minha propriedade peculiar, naquele dia que prepararei, diz o SENHOR dos Exércitos. Eu os pouparei como um homem poupa seu filho que o serve.
>
> Malaquias 3.16-17

Quando contribuímos de qualquer uma dessas três formas, levantamos um memorial diante de Deus. Com essa linguagem figurada, a Bíblia está declarando que o Senhor se "lembrará" de nós para nos abençoar. A contribuição é um ato espiritual seguido de bênçãos! Cada um desses tipos de contribuição reflete não somente nossa consciência de mordomia, mas também nossa gratidão a Deus pelo que ele tem feito em nossa vida — além, é claro, de também servir a propósitos distintos.

Contribuir no reino de Deus não é uma opção para o cristão, e sim uma responsabilidade, um dever a ser cumprido. É verdade que devemos fazê-lo com amor e alegria. Mas, embora essa deva ser a nossa atitude, isso não muda o fato de que é um dever. É como no caso do marido e sua mulher; a Bíblia ordena que o homem ame sua esposa, mas isso não significa que o marido deva fazê-lo apenas com senso de obrigação; antes, deve fazê-lo também com prazer. De todo modo, não deixa de ser um mandamento bíblico e, consequentemente, um dever a ser cumprido.

Cada um desses três tipos de contribuição (os dízimos, as ofertas e as esmolas) tem tanto um "destinatário" como um "propósito" bem distinto. É preciso saber separá-los e tratar cada um deles segundo seus princípios.

O quadro a seguir é um resumo dessas diferenças, que explicarei melhor ao longo do capítulo:

Quadro de contribuição		
Nível	**Destinatário**	**Propósito**
Dízimos	Igreja local	Celebrar a redenção
Ofertas	Reino de Deus	Aquisições e realizações
Esmolas	Necessitados	Suprimento e provisão

Entendendo os dízimos

O primeiro tipo de contribuição que encontramos nas Escrituras é o dízimo: a décima parte de nossa renda consagrada ao Senhor.

O dízimo surge inicialmente na Bíblia não como uma exigência legal, mas como uma expressão voluntária de fé. Antes mesmo da lei de Moisés, os patriarcas já o praticavam. Abraão entregou o dízimo a Melquisedeque (Gn 14.20), e Jacó fez voto de dar o dízimo de tudo quanto Deus lhe concedesse (Gn 28.22). O dízimo nasceu, portanto, como um ato espontâneo de gratidão e reverência, que mais tarde foi incorporado à lei de Moisés quando a entrega dos dízimos passou a ser obrigatória:

> Também *todos os dízimos* da terra, tanto dos cereais do campo como dos frutos das árvores, *são do* S*ENHOR*; *são santos* ao SENHOR. Se alguém quiser resgatar alguma coisa dos seus dízimos, acrescentará a isso a quinta parte.
>
> Quanto aos dízimos do gado e do rebanho, de tudo o que passar debaixo do bordão do pastor, o dízimo será santo ao SENHOR.
>
> Levítico 27.30-32

O propósito dos dízimos na Antiga Aliança era o sustento dos levitas, que trabalhavam em tempo integral no serviço ao Senhor:

> Eis que eu tomei os irmãos de vocês, os levitas, do meio dos filhos de Israel; eles são dados a vocês como dádiva ao SENHOR, para servirem na tenda do encontro.
>
> Porque os dízimos dos filhos de Israel, que apresentam ao SENHOR em oferta, esses eu dei por herança aos levitas; porque eu lhes disse: "Vocês não terão nenhuma herança no meio dos filhos de Israel."
>
> Números 18.6,24

A tribo de Levi foi a única que não herdou terras e não vivia de outras atividades laborais como as demais, pois foi separada de forma exclusiva para o serviço ao Senhor. Sua subsistência vinha dos dízimos entregues pelas demais tribos. Curiosamente, até mesmo os levitas dizimavam (Nm 18.26-27), deixando claro que o princípio do dízimo é universal, inclusive para aqueles que vivem do ministério.

Hoje, muitas igrejas investem a maior parte dos dízimos em projetos, construções e outras necessidades de igual importância. No entanto, a prioridade bíblica segue sendo o sustento daqueles que servem ao Senhor em tempo integral.

Um dos textos que melhor esclarecem o propósito dos dízimos é a já citada passagem de Malaquias 3.8-12, aqui na versão Almeida Revista e Atualizada:

> Roubará o homem a Deus? Todavia vós me roubais, e dizeis: Em que te roubamos? Nos dízimos e nas ofertas. Com maldição sois amaldiçoados, porque a mim me roubais, vós, a nação toda. Trazei todos os dízimos à casa do tesouro, *para que haja mantimento na minha casa*, e provai-me nisto, diz o SENHOR dos Exércitos, se eu não vos abrir as janelas do céu, e não derramar sobre vós bênção sem medida. Por vossa causa repreenderei o devorador, para que não vos consuma o fruto da terra; a vossa vide no campo não será estéril, diz o SENHOR dos Exércitos. Todas as nações vos chamarão felizes, porque sereis uma terra deleitosa, diz o SENHOR dos Exércitos.

Encontramos alguns princípios importantes nesse texto, os quais devem nos orientar quanto ao entendimento correto dos dízimos.

Primeiramente, vemos que os dízimos pertencem a Deus. Essa parte da nossa renda é do Senhor; por isso, não a entregar é roubo! Não fazemos nada mais que o nosso dever quando a entregamos.

Em segundo lugar, vemos que a entrega ou não dos dízimos determina a bênção ou a maldição. A entrega dos dízimos é um ato espiritual, de repercussão espiritual. Ao entregá-los, somos abençoados: "para que o SENHOR, o seu Deus, os abençoe em todas as obras que vocês fizerem" (Dt 14.29); mas, se os retivermos, seremos amaldiçoados: "Com maldição sois amaldiçoados, porque a mim me roubais, vós, a nação toda" (Ml 3.9).

O profeta Ageu foi contemporâneo de Malaquias e também condenou a retenção do que pertencia a Deus. Sua geração não mais contribuía com os dízimos e as ofertas, e foi amaldiçoada por causa disso (Ag 1.6,9-11). No entanto, quando descobriram que não havia lucro algum em roubar a Deus, eles se arrependeram e voltaram a contribuir, o que permitiu que o templo fosse reconstruído. No dia em que eles lançaram os fundamentos do templo, Deus mudou a maldição em bênção, porque eles obedeceram (Ag 2.18-19).

Em terceiro lugar, encontramos o destinatário desse nível de contribuição. Ele deveria ser entregue no templo, também chamado de "a casa do tesouro". Os dízimos têm um destino certo. No Antigo Testamento, eles eram levados ao templo, para que houvesse mantimento para os levitas.

E por que ao templo?

Porque esse é um princípio espiritual válido em todas as Escrituras, tanto no Antigo como no Novo Testamento:

> Se nós vos semeamos as coisas espirituais, será muito recolhermos de vós bens materiais? [...] *Não sabeis vós que os que prestam serviços sagrados do próprio templo se alimentam*? E quem serve ao altar do altar tira o seu sustento? Assim ordenou também o Senhor aos que pregam o evangelho que vivam do evangelho.
>
> 1Coríntios 9.11,13-14, ARA

As Escrituras ensinam que os que semeiam o que é espiritual devem colher o que é material. As pessoas devem entregar seus dízimos nas igrejas em que recebem ministrações espirituais e participam da ceia do Senhor — como vemos no ocorrido entre o patriarca Abraão e o sacerdote Melquisedeque em Gênesis 14.18-20. Paulo também ensinou esse princípio aos gálatas:

> Mas aquele que está sendo instruído na palavra *compartilhe* todas as coisas boas *com aquele que o instrui.*
>
> Gálatas 6.6

Os ministérios *paraeclesiásticos* (que existem para auxiliar as igrejas, mas não são igrejas) não devem aceitar dízimos — somente ofertas! Bato muito nessa tecla porque nosso ministério de ensino, o Orvalho.com, serve de apoio às igrejas (e depende de contribuições), mas sempre orientamos os irmãos a não dizimarem em nosso ministério, e sim onde congregam. Já tive de rejeitar altas quantias em dinheiro que queriam oferecer ao nosso ministério de ensino da Palavra porque não eram ofertas, e sim dízimos.

Os dízimos no Novo Testamento

Muitos alegam que o dízimo pertence exclusivamente à Antiga Aliança, afirmando que na Nova Aliança não há estipulação percentual e que a contribuição deve ser livre e proporcional ao coração do ofertante.

De fato, o Novo Testamento fala bastante sobre ofertas voluntárias, mas isso não significa que os dízimos foram revogados. Pelo contrário, o próprio Antigo Testamento já tratava de ambos: dízimos (proporcional e obrigatório) e ofertas (livre e voluntário). Malaquias 3.8, ao repreender o povo, menciona ambos: "Nos dízimos e nas ofertas".

As ofertas são um caminho para aqueles que desejam ir além do dízimo — não para aqueles que buscam dar menos. Muitas vezes, a resistência ao dízimo reflete não uma convicção teológica sólida, mas uma tentativa de aliviar a própria consciência diante do pouco que se tem ofertado.

A Nova Aliança, sendo superior à Antiga (Hb 8.6), não estabelece um padrão inferior. Não faria sentido que uma aliança baseada em melhores promessas exigisse uma generosidade inferior.

De fato, todos os textos que esclarecem os dízimos são do Antigo Testamento, mas o Novo os confirmou e não viu uma necessidade de novas instruções. O livro de Hebreus pontua que onde há mudança de sacerdócio também há mudança de lei (Hb 7.12). Logo, quando Paulo declara que o fim da lei é Cristo (Rm 10.4), não se refere à extinção de todo e qualquer tipo de lei, e sim ao fim de ritos e cerimônias que foram "impostas até o tempo oportuno de reforma" (Hb 9.10). Essa reforma, no entanto, não descartou tudo o que foi estabelecido na Antiga Aliança. Se, por um lado, o Novo Testamento não sustenta a guarda literal do sábado como se fazia anteriormente, por outro, sustenta a ordenança de se honrar aos pais.

O estudo da mudança de lei, com a consequente compreensão do que passou e do que não passou para a Nova Aliança, é um dos temas mais desafiadores para o ensino, dado a sua abrangência de informações. A meu ver, merece um livro inteiro dedicado a isso. Mas, para resumir, partimos das afirmações neotestamentárias sobre as veterotestamentárias com a avaliação de pelo menos três (de cinco) fatores: revogação, simbolismo profético (ou tipologia) e permanência.

Comecemos pela *revogação*. Jesus afirmou:

> Vocês ouviram o que foi dito: "Ame o seu próximo e odeie o seu inimigo". Eu, porém, lhes digo: amem os seus inimigos e orem pelos que perseguem vocês.
>
> Mateus 5.43-44

Aqui temos um claro e incontestável exemplo de revogação de um tópico da lei mosaica que foi substituído por um novo mandamento. Na carta aos Hebreus, lemos que houve revogação: "[...] se *revoga* a anterior ordenança, por causa de sua fraqueza e inutilidade" (Hb 7.18).

Quanto ao *simbolismo profético*, chamado na teologia de tipologia, o conceito não é de revogação, e sim de cumprimento. As palavras de Cristo também explicam isso:

> Não pensem que vim revogar a Lei ou os Profetas; não vim para revogar, mas para *cumprir*. Porque em verdade lhes digo: até que o céu e a terra passem, nem um i ou um til jamais passará da Lei, até que tudo *se cumpra*.
>
> Mateus 5.17-18

Alguns pensam equivocadamente que a expressão "cumprir", sustentada como a explicação da não revogação, seja obediência. Isso sugeriria a lógica de que a lei mosaica não teria sido revogada e deveria ser cumprida, o que contradiz as declarações recorrentes do Novo Testamento. Ela deve ser entendida a partir da explicação do versículo 18 do significado de *cumprir*: "até que tudo se cumpra". Isso fala de cumprimento profético e explica a não contradição da fala de Jesus sobre não revogar com as das epístolas que sustentam ter havido revogação.

Por que não sacrificamos mais animais como se fazia no Antigo Testamento? Porque Jesus cumpriu, com seu próprio sacrifício, as figuras proféticas dos ritos cerimoniais que apontavam para ele e já não são necessárias. Na ocasião em que Cristo foi até João Batista para ser batizado, este declarou acerca de Jesus: "Eis o Cordeiro de Deus, que tira o pecado do mundo!" (Jo 1.29). Como essas figuras já se cumpriram, não são mais necessárias e, agora, não mais cumprimos esses ritos cerimoniais.

Em relação à *permanência*, podemos considerar a instrução de Paulo sobre honrar aos pais:

> Honra a teu pai e a tua mãe (que é o primeiro mandamento com promessa), para que te vá bem, e sejas de longa vida sobre a terra.
>
> Efésios 6.2-3

Ou seja, muitos dos princípios da Antiga Aliança foram sustentados na Nova: a oração, a fé, a misericórdia com os necessitados, a honra aos pais, entre outros.

E aqui aplicamos uma lógica simples: o Novo Testamento não revogou o dízimo (nem Cristo, nem os apóstolos fizeram isso — como fizeram com outros temas). Também não o trata como uma sombra de um bem vindouro como faz com o sábado (Cl 2.16-17), portanto não dá ao dízimo o caráter de um rito cerimonial profeticamente cumprido. E, por último, sustento que o Novo Testamento deu caráter de permanência ao dízimo ao falar do assunto nos ensinos de Jesus e nas epístolas (como veremos na carta aos Hebreus).

O ensino neotestamentário deu muita ênfase às ofertas, que faziam parte de um outro tipo de contribuição e que necessitavam de mais instruções. Mas não fez o mesmo nem com o dízimo, nem com a esmola; e isso não significa que as esmolas foram revogadas. A verdade, portanto, é que o Novo Testamento também fala dos dízimos — e os confirma! Praticamente tudo o que pertencia à Antiga Aliança foi ensinado por Jesus de forma diferente, mas não os dízimos. Jesus confrontou as práticas dos fariseus de seus dias em quase tudo, menos nos dízimos, os quais não foram suprimidos, e a sua prática foi encorajada pelo Senhor:

> Ai de vocês, escribas e fariseus, hipócritas, porque *vocês dão o dízimo* da hortelã, do endro e do cominho e desprezam os preceitos mais importantes da Lei: a justiça, a misericórdia e a fé. Mas *vocês deviam fazer estas coisas, sem omitir aquelas!*
>
> Mateus 23.23

A frase "vocês deviam fazer estas coisas, sem omitir aquelas", significa, em outras palavras: "Vocês devem entregar os dízimos, mas isso não remove a responsabilidade da prática de outros princípios igualmente importantes".

O Senhor Jesus também disse que devemos "dar a César o que é de César e a Deus o que é de Deus" (Mt 22.21), o que significa que, assim como há uma fatia do nosso orçamento (proporcional aos nossos ganhos) que pertence a César — uma figura de quem recolhe nossos impostos —, assim também temos uma fatia orçamentária (proporcional aos nossos ganhos) que pertence a Deus — nossos dízimos.

E a única forma de contribuição proporcional aos nossos ganhos é o dízimo; as ofertas e esmolas não têm percentual definido.

Hebreus aponta para Melquisedeque como um tipo de Cristo: "*feito semelhante ao Filho de Deus*, permanece sacerdote para sempre" (Hb 7.3). E, na sequência, aborda o paralelo de Abraão, que deu seu dízimo a Melquisedeque, com seu significado para a Nova Aliança:

> Vejam como era grande esse a quem Abraão, o patriarca, *pagou o dízimo* tirado dos melhores despojos. Ora, os que dentre *os filhos de Levi* recebem o sacerdócio têm ordem, de acordo com a lei, de *recolher os dízimos do povo*, ou seja, dos seus irmãos, embora estes sejam descendentes de Abraão. Entretanto, *aquele cuja genealogia não se inclui entre os filhos de Levi recebeu dízimos de Abraão* e abençoou aquele que havia recebido as promessas. Evidentemente, não há dúvida de que

> o inferior é abençoado pelo superior. Aliás, aqui os que recebem dízimos são homens mortais, porém *ali o dízimo foi recebido por aquele de quem se testifica que vive*. E, por assim dizer, também *Levi, que recebe dízimos, pagou-os na pessoa de Abraão*. Porque Levi, por assim dizer, já estava no corpo de seu pai Abraão, quando Melquisedeque foi ao encontro deste.
>
> Hebreus 7.4-10

Analisemos o texto por partes. Melquisedeque é apresentado como alguém maior do que o patriarca Abraão, que tinha a promessa divina da redenção ocorrendo por meio de sua descendência (Gl 3.8). Essa é a razão pela qual Abraão deu os dízimos a ele. Depois, a ênfase recai no fato de que, durante a lei, os dízimos eram recebidos pelos sacerdotes, que eram todos levitas; mas, ao introduzir o conceito de Cristo como um sacerdote diferente, da ordem de Melquisedeque, e não da tribo de Levi, o raciocínio está sendo construído com vistas à conclusão do grande desfecho que se seguirá.

O versículo 8 afirma: "Aliás, *aqui* os que recebem dízimos são *homens mortais* [uma referência aos sacerdotes levitas], porém *ali* o dízimo foi recebido por *aquele de quem se testifica que vive* [uma referência a Cristo, prefigurado em Melquisedeque]". E o desfecho da ilustração, nos versículos 9-11, é que Levi está prefigurado em Abraão e Cristo, em Melquisedeque: "E, por assim dizer, também Levi, que recebe dízimos, pagou-os na pessoa de Abraão. Porque Levi, por assim dizer, já estava no corpo de seu pai Abraão, quando Melquisedeque foi ao encontro deste". Logo, quando o patriarca entregou os dízimos ao sacerdote, simbolicamente — porque na ocasião Levi ainda não existia; seria um dos bisnetos de Abraão — as Escrituras sustentam que o sacerdócio anterior, levítico, curvou-se diante do novo, de Cristo, para entregar-lhe os dízimos. Se isso não é uma declaração dos dízimos sendo transferidos de uma aliança à outra, explique-me o que é!

O escritor deixa claro, desse modo, que na Nova Aliança os dízimos ainda serão recebidos, mas agora pertencem a Cristo. Na Antiga Aliança, os dízimos eram para o sustento dos ministros; na Nova, eles passaram a ter salário — e os ensinos que tratam disso são recorrentes no Novo Testamento. Como veremos no capítulo seguinte, na Nova Aliança os dízimos são para honrar a Cristo e celebrar a redenção; assim, por meio disso, preservam a consciência da boa mordomia.

Gostaria, no entanto, de acrescentar mais um pensamento. Se, *hipoteticamente*, os dízimos não fossem, de fato, um mandamento neotestamentário, será que existiria algum ensino que os proibisse de serem entregues? Eles seriam, aos olhos de quem diz que o dízimo não é uma prática para hoje, uma quebra de algum princípio novo, como Paulo aludiu aos que queriam obrigar os gentios a circuncidarem-se?

De forma alguma! Já demonstramos que não há declarações de revogação, e não quero colocar isso em dúvida. Apenas questiono a lógica dos que tentam negar a continuidade dos dízimos.

Tudo o que o Novo Testamento ensina acerca das ofertas — e nós também praticamos esse outro nível de contribuição — permanece intocável quando alguém entrega os dízimos. Portanto, mesmo se eu tivesse dúvidas sobre a entrega dos dízimos hoje — e eu não tenho um pingo de dúvida acerca disso —, ainda assim eu não consigo entender onde isso poderia ser um problema ou uma violação de qualquer princípio da graça.

No próximo capítulo, queremos trazer mais luz sobre como a entrega dos dízimos está entrelaçada a outras doutrinas imutáveis, que não ficaram presas aos dias do Antigo Testamento. Por ora, sustentamos que os dízimos fazem parte da Nova Aliança em que estamos vivendo hoje.

Uma dúvida frequente entre os cristãos é: sobre qual valor devemos calcular o dízimo? Essa questão surge em especial nos dias de hoje, com a diversidade de situações: assalariados com descontos no holerite, empresários com rendimentos variáveis, ganhos de capital em vendas de bens, entre outros.

A Bíblia oferece princípios que nos orientam a discernir o que corresponde efetivamente ao "ganho real", ou seja, ao aumento de renda efetivo sobre o qual incide o dízimo.

No Antigo Testamento, o dízimo não era calculado sobre a colheita bruta, mas sobre o que já havia sido processado:

> Fale aos levitas e diga-lhes o seguinte: Quando vocês receberem dos filhos de Israel os *dízimos* que eu lhes dou por herança, desses dízimos vocês apresentarão uma oferta ao SENHOR: será o dízimo dos dízimos. Essa oferta de vocês será considerada como se fosse *cereal da eira ou vinho do lagar*.
>
> Números 18.26-27

Observe o conceito do cálculo dos dízimos: os grãos se contavam depois que estavam limpos na eira, e o dízimo da vinha depois que as uvas haviam sido espremidas no lagar.

Este é o princípio do lucro líquido: o dízimo é entregue sobre aquilo que de fato se converteu em ganho.

Para trabalhadores assalariados

Recomendamos que o dízimo seja calculado sobre a renda bruta, isto é, o valor total do salário antes dos descontos. Isso porque muitos descontos representam benefícios indiretos (previdência, saúde, seguro etc.), e não despesas já realizadas.

Além disso, os impostos obrigatórios que incidem sobre o salário não deixam de ser, em essência, parte de nossas despesas pessoais — e por isso não devem ser abatidos do cálculo do dízimo.

Para autônomos, empresários e empreendedores

No caso de quem possui negócio próprio, o dízimo deve ser calculado sobre o lucro, e não sobre o faturamento bruto. Não se dizima sobre o total de vendas ou de entradas da empresa, mas sim sobre o resultado líquido após abatidos os custos e as despesas operacionais.

Além disso, é importante distinguir:

- *Pró-labore* (retiradas mensais): deve-se dizimar mensalmente sobre esse rendimento.
- *Distribuição de lucros* (retirada anual ou eventual): o dízimo deve ser entregue sobre o lucro real apurado antes de qualquer reinvestimento. Nesse caso, não é prudente adiar indefinidamente a entrega dos dízimos dos lucros, aguardando um eventual fechamento futuro da empresa. O coração generoso e fiel prioriza o Senhor mesmo no momento de reinvestir.

Na venda de bens (imóveis, veículos, patrimônios)

Nesse caso, a regra é a mesma: o dízimo incide sobre o lucro, e não sobre o valor total da venda. Como dizia meu pai: "Venda não é renda".

Exemplo: se você vende um imóvel por 500 mil reais, mas o comprou por 400 mil, o lucro obtido foi de 100 mil — e é sobre esse valor que o dízimo será calculado.

As ofertas

As ofertas constituem o segundo nível de contribuição mencionado nas Escrituras. Diferentemente dos dízimos — que têm um percentual definido —, as ofertas são livres e voluntárias, expressando o amor e a generosidade de quem as entrega.

Quando Malaquias repreendeu o povo de Israel, ele não o fez pela retenção dos dízimos apenas, mas também pela retenção das ofertas! Esse é outro tipo de contribuição que precisa ser entendido e praticado de acordo com seus princípios. Ainda que dizimando fielmente, o crente não pode parar aí. Ele deve ofertar também!

Desde o início da revelação bíblica, muito antes do aparecimento dos dízimos, já vemos o princípio das ofertas. Gênesis 4 relata como Caim e Abel apresentaram suas ofertas ao Senhor. Os patriarcas, ao edificarem altares, também ofereciam sacrifícios e presentes a Deus.

Com o tempo e o desenvolvimento de um sistema financeiro, as ofertas também passaram a ser expressas por meio do dinheiro e de outros bens valiosos — como se vê na construção do tabernáculo e, posteriormente, do templo, bem como em diversos registros veterotestamentários. Quando Jesus visitou o templo, ele se assentou diante do gazofilácio e observou como as pessoas ofertavam (Mc 12.41-44). O texto bíblico enfatiza as ofertas dadas em dinheiro.

Hoje, não vivemos mais no contexto de um sistema religioso que exige sacrifícios de animais, e quase todo o nosso conceito de ofertas relaciona-se ao investimento financeiro que devemos fazer, uma vez que a maioria de nós também não cultiva a terra para oferecer esse tipo de ganho.

As ofertas têm como destinatário o reino de Deus. Não são somente destinadas à igreja local, mas ao reino de Deus em toda parte. Elas vão para missões, para ministérios paraeclesiásticos, para construções, para a aquisição de qualquer coisa útil à propagação do evangelho. Sempre que um templo foi construído no Antigo Testamento, os recursos vieram de ofertas voluntárias. Uma vez que os dízimos deveriam suprir às necessidades dos levitas, não eram usados em outras coisas. As demais necessidades materiais eram supridas mediante doações voluntárias. Vemos esse modelo desde que Deus ordenou a construção do tabernáculo de Moisés:

> Diga aos filhos de Israel que me tragam uma oferta. De todo homem *cujo coração o mover para isso*, dele vocês receberão *a minha oferta*. Esta é a oferta que dele

> vocês receberão: ouro, prata e bronze; pano azul, púrpura e carmesim; linho fino; pelos de cabra; peles de carneiro tingidas de vermelho e peles finas; madeira de acácia; azeite para a iluminação; especiarias para o óleo da unção e para o incenso aromático; pedras de ônix e pedras de engaste, para a estola sacerdotal e para o peitoral. E farão para mim um santuário, para que eu possa habitar no meio deles.
>
> Êxodo 25.2-8

A oferta é fruto de um coração generoso, que move a pessoa a entregar de forma voluntária o que ela não é obrigada a entregar. É uma expressão de amor! E tem um propósito diferente dos dízimos. Enquanto os dízimos visavam suprir a necessidade de sustento dos obreiros de tempo integral e hoje celebram a redenção, as ofertas não têm um propósito específico além da expressão de gratidão a Deus e amor pelo seu reino. Elas costumam ser usadas para suprir necessidades diversas que os dízimos não suprem. Estão mais relacionadas com aquisições e realizações, como vimos nas ofertas para a construção do tabernáculo de Moisés.

Na preparação para a construção do templo de Salomão, o mesmo princípio foi aplicado. Davi foi o primeiro, dando o exemplo de se ofertar por amor:

> E ainda, *porque amo o templo de meu Deus*, o ouro e a prata particulares que tenho dou para o templo de meu Deus, além de tudo o que preparei para o santuário: cem toneladas de ouro, do ouro de Ofir, e duzentos e quarenta toneladas de prata purificada, para cobrir as paredes das casas; ouro para os objetos de ouro e prata para os de prata, e para toda obra de mão dos artífices. Quem, pois, está disposto hoje a ofertar com generosidade para o SENHOR?
>
> 1Crônicas 29.3-5

Depois de dizer o que fazia por amor, o rei Davi desafiou o povo a seguir seu exemplo. E os líderes o seguiram, dando ofertas pessoais:

> Então os chefes das famílias, os chefes das tribos de Israel, os capitães de mil e os de cem e até os administradores da obra do rei fizeram ofertas voluntárias e deram *para o serviço da Casa de Deus* cento e setenta toneladas de ouro, dez mil barras de ouro, trezentas e quarenta toneladas de prata, seiscentas e doze toneladas de bronze e três mil e quatrocentas toneladas de ferro. Os que possuíam pedras preciosas as trouxeram para o tesouro da Casa do SENHOR, a cargo de Jeiel, o gersonita. O povo se alegrou com tudo o que se fez voluntariamente,

> porque *de coração íntegro fizeram ofertas voluntárias ao* SENHOR. Também o rei Davi se alegrou com grande júbilo.
>
> 1Crônicas 29.6-9

Em relação às ofertas, não há regras que determinem "quanto" devemos dar e "quando" devem ser dadas, somente "como" devem ser dadas. No entanto, as ofertas devem fazer parte da vida do crente!

No capítulo acerca da lei das primícias, falamos que há pessoas que distinguem a entrega das primícias como sendo uma forma a mais de contribuição, em vez de entregá-las apenas em caráter de primazia. Nesse caso, entendemos que a entrega das primícias se enquadra na condição de oferta. Ela foi chamada assim desde a primeira vez que foi mencionada na Bíblia (Gn 4.4). Essa é a razão de não darmos às primícias um destaque especial no quadro de contribuições.

Nos próximos capítulos, falaremos mais sobre outros princípios envolvidos nas ofertas.

As esmolas

As esmolas representam o terceiro nível de contribuição bíblica e são destinadas especificamente aos necessitados, tanto crentes quanto não crentes. Enquanto os dízimos sustentam o ministério e as ofertas impulsionam a obra do reino, as esmolas expressam misericórdia e compaixão.

Já no Antigo Testamento, Deus instruiu seu povo a cuidar dos pobres:

> Não seja rigoroso demais ao fazer a colheita da sua vinha, nem volte para recolher as uvas que tiverem caído no chão; deixe-as para os pobres e estrangeiros. Eu sou o SENHOR, o Deus de vocês.
>
> Levítico 19.10

> Distribui, dá aos pobres;
> a sua justiça permanece para sempre,
> e o seu poder se exaltará em glória.
>
> Salmos 112.9

> Quem se compadece do pobre empresta ao SENHOR,
> e este lhe retribuirá o benefício.
>
> Provérbios 19.17

Uma parte dos dízimos do Antigo Testamento era destinada ao sustento dos pobres:

> Ao fim de cada três anos, tirem todos os dízimos do fruto do terceiro ano e os recolham nas cidades de vocês. Então virão os levitas — porque não têm parte nem herança com vocês —, os estrangeiros, os órfãos e as viúvas que moram nas cidades de vocês, e comerão e se fartarão, para que o Senhor, o seu Deus, os abençoe em todas as obras que vocês fizerem.
>
> Deuteronômio 14.28-29

A cada três anos, os dízimos se tornavam não somente o sustento dos levitas, mas também eram *repartidos* com os necessitados — como estrangeiros, órfãos e viúvas. Portanto, parte dos dízimos tinha esse destinatário no Antigo Testamento.

Isso não significa que as pessoas devem decidir o que fazer com seus dízimos. Eles são entregues na igreja local, mas esta, por sua vez, deve ter um programa ou fundo de ajuda aos necessitados. A Bíblia não diz que os dízimos deviam ser repartidos sempre, senão não haveria o terceiro nível de contribuição, que é a esmola. Mas essa aplicação dos dízimos na Antiga Aliança revela um princípio importante para nós hoje: o dinheiro arrecadado na igreja não deveria servir somente ao sustento de ministros, à construção de prédios e às aquisições de bens materiais, mas também para ajudar os necessitados.

Tenho visto muito pouca ênfase a esse aspecto entre a liderança moderna.

Vemos que a igreja da primeira era cristã sustentava suas viúvas (At 6.1; 1Tm 5.3-16) e que os irmãos supriam às necessidades uns dos outros, repartindo seus bens entre os que tinham necessidades:

> Todos os que criam estavam juntos e tinham tudo em comum. Vendiam as suas propriedades e bens, distribuindo o produto entre todos, à medida que alguém tinha necessidade.
>
> Atos 2.44-45

Temos a responsabilidade de exercer misericórdia e assistência social aos necessitados. E os recursos que proporcionam isso são as esmolas — ou, como alguns preferem denominar, "beneficência". O texto de Isaías 58 trata disso, enfatizando que a falta de solidariedade social pode prejudicar toda a batalha do jejum e da oração.

Temos um conceito errado e achamos que esmola é a moedinha esquecida no bolso que jogamos ao necessitado da rua, mas toda e qualquer forma de ajuda ao pobre e necessitado é enquadrada nessa categoria de contribuição.

O Novo Testamento também sustentou o quanto isso é necessário, *começando-se* pelos cristãos que precisam de ajuda e *estendendo-se* aos ímpios. Paulo disse que devemos fazer o bem a todos, e Jesus incluiu nessa categoria até mesmo nossos inimigos. Mas a prioridade é ajudarmos os da família da fé:

> E não nos cansemos de fazer o bem, porque no tempo certo faremos a colheita, se não desanimarmos. Por isso, enquanto tivermos oportunidade, *façamos o bem a todos, mas principalmente aos da família da fé.*
>
> Gálatas 6.9-10

Uma das principais recomendações ministeriais que o apóstolo Paulo recebeu de Tiago, Pedro e João — a quem ele chamou de "colunas" da igreja em Jerusalém — envolvia esse assunto da ajuda que deve ser ministrada aos necessitados:

> Somente recomendaram que *nos lembrássemos dos pobres*, o que também me esforcei por fazer.
>
> Gálatas 2.10

Que tipo de lembrete é esse a que Paulo se refere?

Certamente, ele não está falando apenas de nos lembrarmos da existência desses pobres, mas de nos importarmos com eles, de procurarmos suprir às suas necessidades. O evangelho não toca somente o espírito e a alma das pessoas; toca também o corpo com cura, e o estômago com comida!

Cada um desses três níveis de contribuição tem a sua importância e, juntos, ajudam-nos a edificar nosso memorial de contribuição diante do Senhor. Certamente, nossa obediência a esses princípios não será esquecida e tampouco passará despercebida diante de Deus!

9

CELEBRANDO A REDENÇÃO

O que gastamos em piedade e caridade
não é tributo pago a um tirano,
mas resposta de gratidão a nosso Redentor.

JAMES DENNEY

É impossível abordarmos de forma completa as questões financeiras — em especial, a contribuição ao Senhor — sem antes compreendermos a profundidade da redenção.

Em Malaquias, no conhecido texto sobre os dízimos, Deus trata a retenção dos dízimos e ofertas como um ato de roubo:

> Será que alguém pode roubar a Deus? Mas vocês estão me roubando e ainda perguntam: "Em que te roubamos?" Nos dízimos e nas ofertas. Com maldição vocês são amaldiçoados, porque estão me roubando, vocês, a nação toda.
>
> Malaquias 3.8-9

Sob o ponto de vista jurídico, Deus está tratando aqui de uma questão de propriedade. Legalmente, envolve posse. Caso contrário, a retenção dos dízimos não seria chamada de roubo. E, se há apropriação indevida, trata-se, necessariamente, de uma discussão acerca de propriedade. Essa observação é importante, pois não há como falarmos de aspectos que envolvem a propriedade de Deus — e, por extensão, da contribuição financeira — sem, primeiro, compreendermos a lei da redenção. Precisamos, antes de qualquer coisa, entender o fundamento jurídico e espiritual da redenção.

Entendendo a redenção

Para muitos cristãos, a palavra "redenção" significa apenas "perdão dos pecados" ou "salvação". Mas seu significado vai muito além. As palavras traduzidas como "redenção", tanto no hebraico quanto no grego, significam "resgate". Trata-se do ato de readquirir uma propriedade perdida. Antes de Deus revelar plenamente essas verdades no Novo Testamento, ele as ilustrou no Antigo:

> Ora, visto que a lei é apenas *uma sombra dos bens vindouros, não a imagem real das coisas*, nunca consegue aperfeiçoar aqueles que se aproximam de Deus com os mesmos sacrifícios que, ano após ano, continuamente, eles oferecem.
>
> Hebreus 10.1

A sombra apresenta certa semelhança com o objeto que a projeta, mas não o retrata com perfeição. Assim também, nas ordenanças da Antiga Aliança havia representações literais de princípios espirituais que Deus revelaria na Nova Aliança.

Por exemplo, a circuncisão literal foi substituída pela circuncisão do coração (Rm 2.28-29). A serpente levantada por Moisés no deserto tornou-se uma figura da obra redentora de Cristo na cruz (Jo 3.14). Outros aspectos da lei, como comidas, bebidas e dias de festa, deixaram de ser ordenanças literais para se tornarem revelações de princípios espirituais na Nova Aliança:

> Portanto, que ninguém julgue vocês por causa de comida e bebida, ou dia de festa, ou lua nova, ou sábados, porque *tudo isso tem sido sombra das coisas que haviam de vir*; porém o corpo é de Cristo.
>
> Colossenses 2.16-17

Esses eventos eram chamados de "bens vindouros" na perspectiva da Antiga Aliança, pois apontavam para o que se concretizaria no futuro. No Novo Testamento, no entanto, são chamados de "bens já realizados", incluindo a redenção operada por Cristo:

> Quando, porém, Cristo veio como sumo sacerdote *dos bens já realizados*, mediante o maior e mais perfeito tabernáculo, não feito por mãos humanas, quer dizer, não desta criação, e não pelo sangue de bodes e de bezerros, mas pelo seu próprio sangue, ele entrou no Santuário, uma vez por todas, e *obteve uma eterna redenção.*
>
> Hebreus 9.11-12

Durante anos, Deus levou o povo a praticar, pela fé, um simbolismo daquilo que ele próprio realizaria. O livro de Rute, por exemplo, mostra-nos Boaz resgatando as propriedades que haviam sido de Noemi. Ele estava readquirindo uma posse perdida. Isso é redenção.

Foi assim também com o sacrifício do cordeiro, repetido anualmente em várias cerimônias. Mais tarde, João Batista apontaria para Jesus e diria: "Eis o Cordeiro de Deus, que tira o pecado do mundo!" (Jo 1.29). O apóstolo Paulo também se referiu a Cristo como o Cordeiro Pascal (1Co 5.7). Durante séculos, essas práticas conduziram o povo a compreender, através de figuras, o que seria plenamente revelado depois. Com a redenção, não foi diferente.

Para um entendimento ainda mais abrangente, é necessário compreender as leis relacionadas às dívidas e como elas se relacionam com a redenção.

Toda dívida precisava ser paga. Se uma pessoa não tivesse recursos para honrar seus compromissos, deveria dar seus bens em pagamento; e, se também não fossem suficientes, entregaria suas terras. Se, ainda assim, não conseguisse saldar a dívida, o próprio indivíduo — e, em algumas situações, até sua família — deveria ser dado como pagamento, tornando-se escravo.

Lemos em 2Reis 4.1-7 que uma mulher viúva teria seus filhos levados como escravos caso não conseguisse quitar sua dívida. Quando isso acontecia, havia apenas duas formas de alguém sair da condição de escravidão:

- ou um redentor pagaria sua dívida;
- ou a pessoa aguardaria até o Ano do Jubileu, que se repetia a cada cinquenta anos, com exceção para escravos judeus, cuja liberdade vinha após seis anos de serviço (Êx 21.2).

Vejamos o que a lei dizia acerca disso:

> Se alguém do seu povo *empobrecer* e vender alguma parte das suas propriedades, então virá o *seu resgatador, seu parente, e resgatará o que esse seu irmão vendeu.* Se

> alguém não tiver resgatador, porém vier a tornar-se próspero e achar o bastante com que a remir, então contará os anos desde a sua venda, e o que ficar restituirá ao homem a quem vendeu; e assim poderá voltar à sua propriedade. Mas, se as suas posses não lhe permitirem reavê-la, então a propriedade que for vendida ficará na mão do comprador até o Ano do Jubileu; porém, *no Ano do Jubileu, sairá do poder deste, e aquele poderá voltar para a sua propriedade.*
>
> Levítico 25.25-28

Nesse texto, que fala somente da perda da terra, e não da escravidão, vemos que havia três formas de alguém recuperar suas posses:

- a redenção (o pagamento feito por um parente);
- o perdão da sua dívida, proclamado no Ano do Jubileu;
- a sua própria possibilidade de pagar caso viesse a prosperar (o que não ocorreria em caso de escravidão).

Para o escravo, porém, só havia duas formas de ficar livre: o jubileu ou a redenção.

A redenção era o pagamento da dívida feito por um parente próximo. Por meio do pagamento, ele comprava de volta tudo aquilo que se perdera. Assim, a pessoa que havia sido escravizada não mais pertenceria ao seu antigo credor, e sim àquele que pagasse sua dívida.

Por exemplo: se eu me endividasse a ponto de perder todas as minhas posses e fosse transformado em escravo, e o meu irmão me resgatasse, eu não deixaria de ser escravo; apenas mudaria de senhor e passaria a ser escravo do meu parente, porque ele teria me comprado.

E qual seria o proveito disso? De que adiantaria ficar livre de um para se tornar escravo de outro?

A diferença era que o novo dono seria um parente e que ele teria pagado aquela dívida *por amor* — uma vez que um escravo, em geral, não custava tanto quanto a dívida —, e não por interesse financeiro. Justamente por causa do seu amor, ele trataria o escravo com brandura e misericórdia.

O que Cristo fez por nós

Foi exatamente isso o que Jesus fez por nós! Cristo nos comprou para Deus mediante sua morte na cruz:

E cantavam um cântico novo, dizendo:

"Digno és de pegar o livro e de quebrar os selos, porque foste morto e com o teu sangue *compraste para Deus* os que procedem de toda tribo, língua, povo e nação e para o nosso Deus os constituíste reino e sacerdotes; e eles reinarão sobre a terra."

Apocalipse 5.9-10

O homem tornou-se escravo de Satanás ao render-se ao pecado no Jardim do Éden. A Bíblia declara que "aquele que é vencido fica escravo do vencedor" (2Pe 2.19), e foi isso o que ocorreu ao primeiro casal. Como consequência da queda, eles foram separados da glória de Deus e perderam a filiação divina. Adão foi chamado filho de Deus (Lc 3.38), mas essa condição não foi mantida. Quando Jesus veio ao mundo, foi chamado de Filho único de Deus (Jo 3.16), mas ele veio mudar essa condição e passou a ser chamado de "o primogênito entre muitos irmãos" (Rm 8.29).

O diabo se assenhoreou da humanidade e da criação, que fora dada às pessoas (Sl 115.16), e afirmou isso para Jesus na tentação do deserto: "porque isso me foi entregue, e posso dar a quem eu quiser" (Lc 4.6). Mas Jesus veio pagar nossa dívida do pecado e, ao fazê-lo, garantiu nossa libertação das mãos de Satanás:

Ele *nos resgatou* do poder das trevas e nos trasladou para o reino do seu Filho muito amado, *no qual temos a nossa redenção*, a remissão dos nossos pecados.

Colossenses 1.13-14, TB

Observe o termo "resgatou", que aparece quando o apóstolo Paulo está dizendo que fomos transportados do reino das trevas ao reino do Filho de Deus. Depois, ele afirma: "no qual temos a nossa redenção". Essa redenção foi um ato de compra, efetuado pelo pagamento da dívida do pecado:

Cancelando o escrito de dívida que era contra nós e que constava de ordenanças, o qual nos era prejudicial, removeu-o inteiramente, cravando-o na cruz. E, *despojando* os principados e as potestades, publicamente os expôs ao desprezo, triunfando sobre eles na cruz.

Colossenses 2.14-15

A Palavra de Deus revela que Jesus, além de pagar nossa dívida — que nos mantinha escravos —, ainda *despojou* os príncipes malignos. Segundo o Dicionário Aurélio, "despojar" significa: "privar da posse; espoliar, desapossar".[1] Isso nos faz questionar o que, ao certo, Jesus tirou desses principados malignos. O que eles possuíam que pudesse interessá-lo?

Nada, a não ser o senhorio e propriedade de nossas vidas!

O despojo somos nós, que fomos comprados por ele para Deus e, a partir de então, passamos a ser propriedade de Deus. É exatamente assim que as Escrituras se referem a nós. Somos agora chamados de propriedade de Deus:

> Vocês, porém, são geração eleita, sacerdócio real, nação santa, *povo de propriedade exclusiva de Deus*, a fim de proclamar as virtudes daquele que os chamou das trevas para a sua maravilhosa luz.
>
> 1Pedro 2.9

Repetidas vezes, encontramos a ênfase de que o Senhor Jesus Cristo nos comprou para si. E o preço pago foi o seu próprio sangue!

> Sabendo que não foi mediante coisas perecíveis, como prata ou ouro, que vocês foram *resgatados* da vida inútil que seus pais lhes legaram, mas *pelo precioso sangue de Cristo*, como de um cordeiro sem defeito e sem mácula.
>
> 1Pedro 1.18-19

Portanto, quando Jesus nos comprou, ele tornou-se nosso dono. Isso significa que Cristo nos livrou da escravidão do diabo, mas, consequentemente, fez-nos *escravos* de Deus. Sim, a Bíblia também ensina sobre esse resultado da obra da redenção:

> Pois quem foi chamado no Senhor, sendo escravo, *é liberto que pertence ao Senhor*. Do mesmo modo, quem foi chamado, sendo livre, *é escravo de Cristo*. Vocês foram *comprados por preço*; não se tornem escravos de homens.
>
> 1Coríntios 7.22-23

Se entendemos a redenção — que é um ato de compra —, também devemos compreender sua consequência: faz de nós propriedade divina. Logo, assim como não nos pertencemos — e sim a Deus — assim também não somos os donos do que possuímos. A verdade é que coisa alguma que

[1] Aurélio Buarque de Holanda Ferreira, verbete "despojar", *Dicionário Aurélio da Língua Portuguesa* (Curitiba: Positivo, 2020).

possuímos é de fato uma propriedade exclusiva nossa. Nem a nossa própria vida pertence a nós mesmos!

Somos propriedade de Deus! Ele é o nosso dono!

Em decorrência disso, tudo o que nos pertence é dele também.

Referindo-se ao Espírito Santo em nós, Paulo o chamou de "o penhor da nossa herança, para redenção da possessão de Deus" (Ef 1.14, ARC). Observe que o termo "herança" aparece associado aos termos "redenção" e "possessão", pois é disso que sempre se trata o princípio da redenção: o resgate de uma propriedade.

O conceito de redenção acaba, inevitavelmente, atrelado ao de mordomia. Se nada do que possuímos é de fato nosso, nem nossa própria vida, logo devemos cuidar de tudo com a consciência de gerência, de mordomia. Jesus, em seus ensinos, enfatizou não somente que todo mordomo cuida do que não é dele, mas também que haverá prestação de contas (Lc 16.2). O entendimento de redenção deve impactar a maneira como vivemos e gerar em nós uma consciência de responsabilidade. Somos administradores daquilo que pertence a Deus.

Celebrando a redenção

A consciência da redenção também produz algo a mais; ela deve provocar em nós uma atitude de gratidão e de *culto* a Deus. Paulo falou sobre vivermos uma vida de santidade, que é fruto dessa consciência:

> Fujam da imoralidade sexual! Qualquer outro pecado que uma pessoa cometer é fora do corpo; mas aquele que pratica imoralidade sexual peca contra o próprio corpo. Será que vocês não sabem que o corpo de vocês é santuário do Espírito Santo, que está em vocês e que vocês receberam de Deus, e que *vocês não pertencem a vocês mesmos? Porque vocês foram comprados por preço*. Agora, pois, *glorifiquem a Deus no corpo de vocês*.
>
> 1Coríntios 6.18-20

O apóstolo deixa claro, em três afirmações distintas, a ênfase de que somos propriedade de Deus. Primeiro, ele afirma que não somos de nós mesmos. Depois, declara que fomos comprados, e por um bom preço! Por fim, diz que o nosso corpo deve ser usado para exaltar a Deus, nosso proprietário.

Portanto, separar-se do pecado e santificar-se para Deus é glorificá-lo por meio do corpo. Não é um culto de palavras, mas não deixa de ser uma exaltação. É um culto de santidade e de boa mordomia. Celebramos a redenção não apenas por meio de cânticos, mas também por meio de atitudes. Quando reconhecemos que Deus comprou o nosso corpo e cuidamos dele com a consciência de que ele é de Deus, estamos cultuando ao Senhor.

De forma semelhante, há um culto que se expressa não apenas por palavras, mas também por nossas atitudes em relação às finanças. Assim como Deus redimiu nosso corpo, ele também redimiu nossos bens. Logo, da mesma forma que o bom uso do corpo (em santidade) glorifica a Deus, assim também o bom uso de nossos recursos financeiros, que são de Deus, o glorifica.

A simbologia do que José fez

A Bíblia nos ensina tanto por meio de declarações explícitas como por meio de figuras que sustentam essas mesmas verdades. No Antigo Testamento, encontramos diversas figuras simbólicas da obra da redenção, como a saída dos israelitas do Egito. Outra figura digna de observação, que ilustra a obra da redenção, é a de José, filho de Jacó. Ele comprou (literalmente) para Faraó todo o povo egípcio:

> Tendo acabado aquele ano, foram a José no ano seguinte e lhe disseram:
>
> — Não podemos esconder de meu senhor que o dinheiro acabou e que meu senhor já é dono dos animais. Nada mais nos resta diante de meu senhor, a não ser o nosso corpo e a nossa terra. Por que o senhor nos deixaria perecer em sua presença, tanto a nós como à nossa terra? *Compre a nós e a nossa terra em troca de mantimento*, e nós e a nossa terra seremos escravos de Faraó. Dê-nos semente para que vivamos e não morramos, e a terra não fique deserta.
>
> Então José disse ao povo:
>
> — Eis que *hoje comprei vocês e a terra de vocês para Faraó*. Aqui estão as sementes, para que semeiem a terra.
>
> Gênesis 47.18-19,23

O que aconteceu com esse povo?

Deixaram de pertencer a si mesmos e passaram a pertencer a Faraó. Seu gado, suas casas, suas terras — tudo se tornou propriedade do rei do Egito.

Eles se tornaram servos de Faraó e, a partir daquele momento, seriam encarregados de cuidar do que era dele.

O que Cristo fez conosco por meio de seu sacrifício na cruz foi algo semelhante. A princípio, éramos propriedade de Deus, mas a queda e o pecado original nos roubaram isso. Quando Cristo pagou o preço de nossa dívida, ele nos remiu da mão daquele que havia se tornado nosso dono: o diabo. Quando declaramos que somos servos de Deus, estamos reconhecendo que não pertencemos a nós mesmos e que tudo o que temos, na verdade, pertence ao Senhor. Somos apenas mordomos de algo que não é nosso. Não nos atolaríamos em dívidas, geradas por caprichos e excessos, se desenvolvêssemos essa mentalidade. Se sempre tomássemos decisões na área financeira com a consciência de que os recursos empregados pertencem ao Senhor, cometeríamos menos erros.

Quando José comprou aqueles egípcios para Faraó, tudo o que era deles passou a ser do imperador egípcio; logo, toda a renda deles deveria ir para Faraó. Mas o que fez o rei egípcio com o povo? Ele tomou tudo o que era deles? Não! Ele permitiu que eles usassem a terra e os demais recursos para que vivessem; mas, para preservar a consciência de que tudo o que eles tinham não era deles, um quinto da colheita (ou 20% da renda) retornaria para Faraó:

> Das colheitas vocês *darão a quinta parte a Faraó*. As outras quatro partes *serão de vocês*, para semear o campo e para servir de alimento a vocês, aos que estão em suas casas, e para alimentar os seus filhos.
>
> Gênesis 47.24

E o que os egípcios fizeram? Ficaram reclamando e dizendo que era injusto? Claro que não! A reação deles foi justamente o contrário:

> Eles disseram a José:
>
> — *O senhor salvou a nossa vida*! Que possamos alcançar favor diante de meu senhor e seremos escravos de Faraó.
>
> Gênesis 47.25

Viver como servos de Faraó era para eles um privilégio, uma vez que nem vivos estariam se não fosse a intervenção do rei.

Vejo nisso um perfeito paralelo daquilo que Deus fez conosco. Nossa vida e tudo o que tínhamos passaram a pertencer ao Senhor, mas ele nunca quis tomar tudo de nós! Ele queria que continuássemos vivendo. Ele queria que vivêssemos melhor do que viveríamos se não fôssemos mordomos seus.

É como se ele estivesse nos dizendo: "Vão em frente! Usem o que é meu para que vocês possam viver suas vidas e continuar produzindo, mas não quero que se esqueçam de que são apenas mordomos do que não pertence a vocês. Então, de toda a sua renda, eu quero um décimo (dízimo) para mim, além do que vocês me derem espontaneamente!".

E sabe o que muitos crentes ainda dizem?

"Isso não é justo!"

Como isso pode ser injusto? Em vez de nos regozijarmos por pertencermos a ele e podermos servir àquele que redimiu nossa vida, reclamamos muitas vezes por termos que devolver um pouco do que é dele. Isso é ingratidão! É falta de compreensão do que é a redenção! Há quem considere os dízimos como se Deus quisesse tirar dez por cento do que é nosso. Mas essa não é a perspectiva correta. É Deus que permite que fiquemos com noventa por cento do que é dele!

A maioria de nós ainda não conseguiu compreender que a entrega dos dízimos é uma forma de celebrar a redenção. Ao dizimarmos, não só expressamos gratidão pelo que ele fez por nós e nos mantemos conscientes do nosso lugar em nosso relacionamento com Deus, mas também realizamos um ato profético.

Um ato profético

A entrega dos dízimos deve ser vista como obediência, como expressão de gratidão, mas também como um ato profético. Permita-me explicar. Semelhantemente aos israelitas, que, ao celebrarem a primeira Páscoa, praticaram um ato profético, assim também fazemos ao dizimar.

Deus advertiu que naquela noite o anjo da morte mataria todos os primogênitos dos homens e dos animais no Egito (Êx 12.12). Em todas as pragas anteriores, os hebreus haviam sido poupados, mas, naquela noite, a proteção não seria automática; dependeria de um ato profético, com um simbolismo espiritual. Cada um deveria aplicar o sangue do cordeiro da Páscoa aos umbrais das suas portas:

> O sangue *será um sinal* para indicar as casas em que vocês se encontram. Quando eu vir o sangue, passarei por vocês, e não haverá entre vocês praga destruidora, quando eu ferir a terra do Egito.
>
> Êxodo 12.13

O sangue de um animal não tinha o poder de promover, por si mesmo, proteção espiritual. Ele era apenas um sinal, uma mensagem simbólica. Era um ato profético, por meio do qual eles reconheciam a redenção de Deus em suas vidas naquela noite e também apontavam para o futuro, quando Cristo viria nos resgatar e nos proteger por meio do seu sangue vertido na cruz.

O interessante é que os hebreus não precisavam se proteger. Eles somente precisavam cumprir o sinal que foi estabelecido por Deus. Então, o próprio Deus cuidaria da proteção deles. Mas, se não lhe obedecessem, não fazendo uso do sinal de proteção, então a morte dos seus primogênitos seria inevitável:

> Peguem ramos de hissopo, molhem no sangue que estiver na bacia e marquem a viga superior da porta e suas ombreiras com o sangue que estiver na bacia. E que nenhum de vocês saia da porta da sua casa até pela manhã. Porque o Senhor passará para matar os egípcios. Quando, porém, *enxergar o sangue na viga superior da porta e em ambas as ombreiras,* o Senhor passará por cima da porta e não permitirá que o Destruidor entre na casa de vocês para matá-los.
>
> Êxodo 12.22-23

Há algo que precisa ser devidamente compreendido. Deus disse que passaria pelas portas e feriria os primogênitos. À primeira vista, parece que ele mesmo executaria tudo, mas não é isso o que deve ser visto aqui. Temos Deus determinando a execução do juízo, mas não necessariamente exercendo-o sozinho e de forma direta. O versículo 23 termina dizendo que Deus não permitiria que o destruidor entrasse. Logo, quem executava as mortes não era ele em si, mas um anjo. Vários textos do Antigo Testamento mostram, enfaticamente, Deus exercendo esse juízo (Nm 33.4; Sl 135.8); contudo, o que estamos discutindo aqui é *a forma como ele o executou*.

E que anjo era esse?

Ele foi chamado de "destruidor".

É curioso como esse mesmo nome foi dado ao anjo do abismo, cujo nome em hebraico é "Abadom" e, em grego, "Apolion" (ambos significam "destruidor"). E a Palavra de Deus declara que ele era o rei sobre os outros anjos que saíram do abismo (Ap 9.11). No juízo que Deus determinou sobre a cidade de Jerusalém, o anjo destruidor também foi enviado (1Cr 21.15).

Satanás executa atos de juízo divino quando é liberado para ferir e destruir os que desobedecem a Deus. E não tenho receio de afirmar que quem de fato exerceu o juízo de Deus naquela noite foi o diabo, o anjo da morte.

As Escrituras relatam que um espírito maligno, da parte do Senhor, atormentava Saul (1Sm 16.14-16). Isso não significa que o espírito maligno viesse do céu — senão não seria chamado de "maligno" —, mas sim que foi autorizado por Deus para exercer juízo sobre o rei Saul, que se afastara deliberadamente do Senhor.

O sangue naquela noite de Páscoa era um sinal de quê? De propriedade. E o diabo não pode ir além do sangue. Lemos em Apocalipse 12.11, sobre um grupo de fiéis que venceram Satanás, e o texto revela que eles o venceram *pelo sangue* do Cordeiro!

Satanás não pode tocar no que é de Deus. Esse é o significado da afirmação bíblica:

> Sabemos que todo *aquele que é nascido de Deus* não vive em pecado, porque quem é nascido de Deus guarda a si mesmo, *e o Maligno não pode tocar nele*.
>
> 1João 5.18

Conheci pessoas que foram alcançadas por Jesus e que, antes de serem resgatadas, serviam aos demônios. Ouvi pessoalmente algumas delas relatarem experiências que tiveram antes de sua conversão e as fizeram refletir sobre o cuidado de Deus com os seus. Uma dessas pessoas, a irmã Vilma Laudelino de Souza (hoje missionária), quando pertencia à magia negra, tentou matar uma crente com seus trabalhos, mas o demônio lhe disse que não poderia fazer nada contra aquela pessoa, pois, nas palavras dele mesmo, ela tinha um "espírito terrível". Outra pessoa, o irmão Carlos (hoje pastor), quando ainda era um bruxo, tentou violar o túmulo de uma cristã, mas uma entidade, que lhe apareceu materializada no momento do trabalho, afirmou que ele não poderia tocar naquele corpo, pois ele pertencia a quem o próprio demônio chamou de "o homem lá de cima"!

Aleluia! Se até os restos mortais de um crente, que já sofreram decomposição, estão sob proteção divina, o que não dizer de nós hoje, de nossas famílias e nossos bens?

Quando um hebreu colocava o sinal do sangue na porta, ele estava declarando com aquele gesto que tudo o que estava na casa era propriedade de Deus e não podia ser tocado pelo mal. Aliás, sempre que a redenção está em questão, Deus decide defender pessoalmente o que é seu. Foi assim na Páscoa e é assim nos nossos dízimos hoje. Quando dizimamos, ele mesmo repreende o devorador: "Repreenderei o devorador, para que não consuma os produtos da terra" (Ml 3.11).

No momento em que o crente entrega os dízimos diante de Deus — e de todo o reino espiritual —, ele está reconhecendo a redenção e as consequências de ter Deus como seu dono, bem como de tudo o que lhe pertence. Diante desse reconhecimento, o Senhor mesmo afasta o devorador e protege o que é dele. E o diabo não se atreve a tentar tocar no que pertence a Deus.

Mas, quando o cristão desobedece ao mandamento referente à entrega dos dízimos, está declarando, em outras palavras, que Deus não é o dono dessas quantias. Assim, não apenas está roubando os dízimos — o que é uma apropriação indébita daquilo que é de Deus —, mas também está se apropriando dos outros noventa por cento restantes. Sim, quem não trata o Senhor como dono do dízimo também não o trata como dono de seus bens. E, quando alguém faz isso, o diabo está de longe, assistindo a tudo. Imagino-o resmungando consigo mesmo:

"Ah, esse dinheiro não é de Deus? O que é de Deus, eu não posso tocar, mas o que é só seu..."

E é aí que as perdas ocorrem!

Devemos tratar os dízimos como um ato de celebração da redenção. O número dez está ligado à simbologia da redenção. Mesmo quando ele fala de *prova* (nos Dez Mandamentos) ou de *juízo* (nas dez pragas), é porque a *redenção* está por trás da história. O cordeiro da Páscoa, por exemplo, deveria ser escolhido no dia dez do mês de Abibe (Êx 12.3). Por isso, creio que Deus, ao determinar a entrega da décima parte de nossa renda, estabeleceu nas Escrituras uma conexão do dízimo com a redenção.

Ao entregarmos nossos dízimos, devemos ser gratos pela redenção e compreender que, através desse gesto, redimimos os noventa por cento da renda restante para administrá-los para o Senhor.

Perdas e ganhos

Muitos não entendem a bênção e a maldição mencionadas por Malaquias em sua profecia. Acham que Deus ameaça seus filhos — quando não acusam a igreja —, para que lhe obedeçam por medo, mas não se trata disso!

Vimos que o diabo não pode tocar no que é de Deus, mas pode tocar em nosso dinheiro quando deixamos de reconhecer o Senhor como dono de tudo o que temos. Pela ausência do "selo de propriedade divina" sobre nossos bens, bem como pelo pecado de roubar o que é de Deus, o maligno encontra uma brecha para tocar nas finanças de alguns cristãos. Essa é a razão pela qual a maldição fere os que negligenciam a entrega dos dízimos. As perdas se manifestam em decorrência de uma maldição que, por sua vez, entra em nossas vidas por causa da desobediência.

Por outro lado, a bênção proveniente da fidelidade nos dízimos também precisa ser compreendida. Ela não consiste em uma recompensa por um bom comportamento, e sim na aplicação dos princípios divinos na prática do cristão.

Será que há ganhos para os que dizimam?

Claro que sim! Mas esses ganhos não devem ser vistos como se Deus estivesse aumentando *nosso patrimônio pessoal*, e sim como uma forma de Deus aumentar *seu próprio patrimônio*, sob nossa mordomia. Jesus nos ensinou um princípio que rege vários aspectos da vida cristã:

> Quem é fiel no pouco também é fiel no muito; e quem é injusto no pouco também é injusto no muito.
>
> Lucas 16.10

Se não dizimarmos o pouco que Deus nos confiou, mas o roubarmos com uma atitude de infidelidade em nossa mordomia, ele não nos confiará mais, pois continuaríamos sendo injustos no muito. Essa infidelidade impede a bênção financeira sobre quem retém os dízimos.

Em contrapartida, quem é fiel no pouco também o será no muito. Se demonstrarmos obediência ao dizimar o que já temos, Deus nos confiará mais dos seus bens. Essa é a prova que determina quem receberá mais do Senhor e quem não receberá.

Mantendo-nos conscientes

Jesus instituiu uma ceia memorial para que sempre recordemos o que ele fez por nós na cruz (1Co 11.24-25). O Senhor conhece a nós e nossa inclinação ao esquecimento do que ele fez por nós. Por isso, estabeleceu uma forma de nos manter conscientes da obra da redenção: a ceia do Senhor.

Os dízimos também servem a esse mesmo propósito. Sua relação com a redenção deve nos manter conscientes de que Deus é nosso dono e que somos propriedade sua. Assim como a ceia faz parte de um culto de gratidão e anuncia uma mensagem — a morte do Senhor até que ele venha (1Co 11.26) —, assim também a entrega dos dízimos celebra a redenção e testemunha à nossa consciência que pertencemos ao Senhor.

É interessante observarmos que a primeira menção aos dízimos na Bíblia aparece justamente num contexto de redenção — Abraão resgatando seu sobrinho Ló —, juntamente com a tipologia da ceia: Melquisedeque (que recebe os dízimos) veio ao encontro de Abraão, trazendo pão e vinho (Gn 14.17-20; Hb 7.1,4). Durante muitos anos, nas igrejas que pastoreei, deixávamos para entregar os dízimos no mesmo momento em que participávamos da ceia do Senhor; era uma forma de nos manter conscientes da redenção e de suas consequências.

Assim como celebramos a ceia lembrando o que o Senhor fez por nós na cruz, assim também celebramos a redenção (realizada na mesma cruz) ao entregarmos nossos dízimos.

Quando entregar os dízimos em sua igreja local, faça-o com essa consciência. Uma atitude correta em relação ao que você oferece ao Senhor é um passo vital para você desfrutar de suas bênçãos.

10

ENTENDENDO A MORDOMIA

Os cristãos são mordomos do dinheiro do Senhor. Nós somos apenas agentes dele para distribuí-lo de acordo com a sua direção. Portanto, não temos condições de fazer algo contrário à sua vontade.

JOHN WESLEY

Se tudo o que somos e temos pertence a Deus, devemos viver como bons mordomos, administrando bem o que é do Senhor. O Dicionário Aurélio define "mordomo" como "o serviçal encarregado da administração de uma casa".[1] É alguém que cuida daquilo que não lhe pertence.

O Senhor Jesus usou esse conceito para ilustrar como devemos viver a vida cristã:

> Quem é, pois, *o mordomo fiel e prudente*, a quem o senhor deixará *encarregado* dos demais servos da casa, para lhes dar o sustento no devido tempo? Bem-aventurado aquele servo a quem seu senhor, quando vier, achar fazendo assim. Em verdade lhes digo que lhe *confiará* todos os seus bens. Mas o que acontecerá se aquele servo disser consigo mesmo: "Meu senhor demora para vir", e começar a espancar os empregados e as empregadas, a comer, a beber e

[1] Aurélio Buarque de Holanda Ferreira, verbete "mordomo", *Dicionário Aurélio da Língua Portuguesa* (Curitiba: Positivo, 2020).

a embriagar-se? Virá o senhor daquele servo, em dia em que não o espera e em hora que não sabe, e *irá aplicar-lhe um castigo severo, condenando-o com os infiéis.*

Lucas 12.42-46

A expressão "mordomo *fiel* e prudente" é central no conceito que estamos abordando. A mordomia exige dedicação e sabedoria; carrega consigo o peso da responsabilidade. Quando bem exercida, traz recompensas e maior credibilidade diante do Senhor. As palavras "encarregado" e "confiará" deixam isso claro. Em contrapartida, o mordomo infiel também recebe sua "recompensa", mas de natureza punitiva: "irá aplicar-lhe um castigo severo".

A escolha está diante de cada um de nós: sermos bons ou maus mordomos. A decisão exige entendimento e ações conscientes.

Praticando a boa mordomia

Embora a parábola mencionada por Jesus tenha aplicação primordialmente espiritual, ela não exclui o aspecto natural e financeiro. Assim como nossa vida pertence ao Senhor, também nossos bens pertencem a ele. Prestaremos contas de tudo o que nos foi confiado.

A Escritura afirma que "herança do SENHOR são os filhos" (Sl 127.3). A palavra "herança", no original hebraico, tem o sentido de "propriedade". Os filhos não são nossos; foram confiados a nós por Deus. Da mesma forma, nosso corpo, nosso tempo e nossos recursos financeiros pertencem ao Senhor. Cabe-nos administrá-los como bons mordomos.

Contribuímos com uma parte daquilo que recebemos, mas o restante também pertence a Deus e deve ser administrado com responsabilidade. A mordomia vai muito além da contribuição: é um princípio que permeia todas as áreas da nossa vida.

Na parábola dos talentos (Mt 25.14-30), Jesus ilustra esse princípio, também aplicável à área financeira. Honrar o Senhor com nossos bens envolve administrá-los com sabedoria. Deus nos concede liberdade, mas essa liberdade não anula a responsabilidade de administrar com sabedoria o que pertence a ele. Mesmo deixando-nos decidir o que faremos com o que nos foi confiado, há uma forma correta e sábia de administrar os bens de Deus.

O que Deus espera de seus mordomos?

Jesu foi claro: *espera-se fidelidade dos mordomos de Deus*. "Quem é fiel no pouco também é fiel no muito; e quem é injusto no pouco também é injusto no muito" (Lc 16.10). Fidelidade não se resume a honestidade. Trata-se de um compromisso com o propósito estabelecido. Deus espera que seus mordomos sigam suas instruções não apenas com boa vontade, mas com dedicação e obediência.

> Assim, pois, importa que todos nos considerem como ministros de Cristo e *encarregados* dos mistérios de Deus. Ora, além disso, *o que se requer destes encarregados é que cada um deles seja encontrado fiel*.
>
> 1Coríntios 4.1-2

A palavra grega aqui traduzida como "encarregado" é *oikonomos*, que significa "administrador do lar ou dos negócios da casa, gerente, superintendente".[2] Em algumas traduções, essa palavra aparece como "despenseiro" ou "mordomo", como já vimos no texto de Lucas 12.42.

A única forma de sermos fiéis como mordomos é entendendo o que o Senhor espera de nós — e isso está revelado em sua Palavra. A mordomia não diz respeito apenas à administração correta dos bens materiais, mas também ao uso dos dons e ministérios que o Senhor confiou a cada um:

> Sirvam uns aos outros, cada um conforme o dom que recebeu, como *encarregados de administrar bem* a multiforme graça de Deus.
>
> 1Pedro 4.10

Nossa relação com o dinheiro, portanto, acaba revelando muito sobre nossa compreensão da mordomia em sentido amplo. O princípio da mordomia alcança todas as áreas da vida cristã.

A prestação de contas

Jesus também nos ensinou que a mordomia é temporária. Chegará o momento em que todos prestarão contas da administração que fizeram de recursos e responsabilidades que lhes foram confiados.

[2] Bible Hub, verbete *oikonomos*, G3623, <https://biblehub.com/greek/3623.htm>.

Jesus disse também aos seus discípulos:

— Certo homem rico tinha um administrador. Um dia, ele recebeu uma denúncia de que esse administrador estava desperdiçando os bens dele. Então, chamando-o, lhe disse: "Que é isto que ouço a seu respeito? *Preste contas da sua administração*, porque você não pode mais ser o meu administrador."

Lucas 16.1-2

Há exemplos bíblicos de mordomia sendo louvada e há também relatos de má mordomia sendo punida. Ninguém escapará da prestação de contas. Jesus ilustra isso nas parábolas das dez minas e dos talentos:

Quando ele voltou, depois de ter tomado posse do reino, mandou chamar os servos a quem tinha dado o dinheiro, *a fim de saber quanto tinham conseguido ganhar em seus negócios*.

Lucas 19.15

Depois de muito tempo, o senhor daqueles servos voltou e *fez um ajuste de contas com eles*.

Mateus 25.19

A Palavra de Deus é enfática: todos comparecerão diante dele para prestar contas. Nada passa despercebido aos seus olhos:

E não há criatura que não seja manifesta na sua presença; pelo contrário, todas as coisas estão descobertas e expostas aos olhos daquele *a quem temos de prestar contas*.

Hebreus 4.13

É importante ressaltar que essa prestação de contas não se limita apenas aos bens materiais. Como já vimos, os filhos são propriedade de Deus (Sl 127.3). Também o corpo humano é tratado nessa perspectiva. O apóstolo Paulo, referindo-se ao corpo como santuário do Espírito, adverte: "Se alguém destruir o santuário de Deus, Deus o destruirá. Porque o santuário de Deus, que são vocês, é sagrado" (1Co 3.17).

Assim, o entendimento correto da mordomia afetará todas as áreas da nossa vida — desde o uso do tempo e dos talentos até a administração dos recursos financeiros.

Segundo a capacidade de cada um

Alguns se assustam com a ideia da prestação de contas, pois cogitam não serem capazes de lidar com o que Deus lhes confiou. Porém há um princípio claro na mordomia divina: *Deus nunca pedirá algo além da nossa capacidade*.

Ele nunca trata conosco da mesma maneira que trata com os outros, como se lidasse por atacado. Ele sabe que não somos iguais uns aos outros e que uma soma de fatores coloca cada um de nós em posições bem diferentes diante dele.

> Porque isto é também como um homem que, partindo para fora da terra, chamou os seus servos, e entregou-lhes os seus bens, e a um deu cinco talentos, e a outro, dois, e a outro, um, a cada um segundo a sua capacidade, e ausentou-se logo para longe.
>
> Mateus 25.14-15

A expressão "segundo a sua própria capacidade" demonstra que a quantidade de recursos que Deus nos confia não é aleatória. Ele conhece perfeitamente o nível de responsabilidade e administração que cada um pode exercer, e distribui os recursos de acordo com essa capacidade. E esse princípio não se limita à questão financeira, mas envolve todos os aspectos da mordomia cristã: dons espirituais, talentos naturais, tempo, oportunidades e até as cargas de responsabilidade ministerial.

A boa administração não depende de quanto recebemos, mas do que fazemos com o que nos foi confiado. Como disse Jesus: "Mas àquele a quem muito foi dado, muito lhe será exigido; e àquele a quem muito se confia, muito mais lhe pedirão" (Lc 12.48). Portanto, a mordomia não é nivelada por igualdade de recursos, mas sim por igualdade de fidelidade. O servo que recebeu cinco talentos e os multiplicou foi louvado. O que recebeu dois e também os multiplicou recebeu o mesmo elogio. Já o que enterrou seu talento foi reprovado, mesmo tendo recebido apenas um.

O conselho divino dado a Faraó é que seria necessário alguém capaz para gerenciar a boa colheita dos sete anos de prosperidade que estavam por vir: "Portanto, Faraó se proveja agora de um varão inteligente e sábio e o ponha sobre a terra do Egito" (Gn 41.33, ARC). De modo semelhante, Deus, que inspirou essa palavra dada por José, escolhe pessoas de capacidade para darem conta do que ele lhes confiará. Ou seja, além de distribuir os recursos segundo a capacidade de cada um, o Senhor também capacita o mordomo para realizar bem sua administração. Quando Deus nos confia algo, ele também nos habilita a cumprir a tarefa.

Um exemplo claro disso está no episódio da construção do tabernáculo. Deus não apenas deu a Moisés as instruções do que deveria ser feito, mas também capacitou homens com habilidades específicas para realizar a obra:

> Eis que chamei pelo nome Bezalel, filho de Uri, filho de Hur, da tribo de Judá, e *o enchi do Espírito de Deus, de habilidade, de inteligência e de conhecimento*, em todo artifício, para elaborar desenhos e trabalhar em ouro, prata e bronze, para lapidação de pedras de engaste, para entalho de madeira, para todo tipo de trabalho artesanal. Escolhi Aoliabe, filho de Aisamaque, da tribo de Dã, para trabalhar com ele. Também *dei habilidade a todos os homens hábeis*, para que me façam tudo o que tenho ordenado.
>
> Êxodo 31.2-6

O mesmo ocorre conosco. Deus jamais exigirá algo para o qual não tenha previamente nos capacitado. Quando entendemos essa verdade, fica ainda mais evidente o quanto seremos responsabilizados pela administração dos bens e das oportunidades que recebemos.

O Senhor conhece nossas limitações e, ainda assim, ele nos *capacita*:

> E é por Cristo que temos tal confiança em Deus; não que sejamos capazes, por nós, de pensar alguma coisa, como de nós mesmos; mas *a nossa capacidade vem de Deus*, o qual nos fez também capazes de ser ministros dum Novo Testamento, não da letra, mas do Espírito; porque a letra mata, e o Espírito vivifica."
>
> 2Coríntios 3.4-6

Mas mesmo essa capacitação não é automática: precisamos buscá-la.

> Se, porém, algum de vocês necessita de sabedoria, peça a Deus, que a todos dá com generosidade e sem reprovações, e ela lhe será concedida.
>
> Tiago 1.5

Com oração, fé e estudo da Palavra, desenvolveremos a sabedoria necessária para uma *mordomia excelente* em todas as áreas da vida e também acessaremos os demais recursos capacitadores da graça de Deus.

Ao compreender o princípio da mordomia, vemos que:

- Tudo o que temos pertence a Deus.
- Fomos colocados como administradores temporários dos recursos que ele nos confiou.
- Prestaremos contas de como gerimos cada área sob nossa responsabilidade.
- A quantidade de recursos varia segundo a capacidade de cada um, mas a exigência de fidelidade é igual para todos.
- Deus nunca exigirá de nós algo para o qual não nos tenha capacitado.

A mordomia, portanto, não é um tema periférico na vida cristã. É central. Ela permeia todas as dimensões da nossa vida e define a forma como honramos o Senhor não apenas com nossos bens, mas com tudo o que somos e fazemos.

11

ALGUMAS LEIS DA CONTRIBUIÇÃO

Estou convencido de que não há assunto
sobre o qual a consciência cristã
esteja mais mal informada do que o da contribuição.

SAMUEL CHADWICK

Ao falarmos sobre contribuição, não esgotamos o assunto apenas reconhecendo o memorial de contribuição que há perante o Senhor — nem mesmo ao explicarmos os três níveis de contribuição: dízimos, ofertas e esmolas. Para crescer nessa prática e nos benefícios que dela colhemos em nossa vida, precisamos entender algumas das leis da contribuição estabelecidas nas Escrituras Sagradas.

Longe de abranger tudo o que a Bíblia ensina sobre o assunto, limitamo-nos, neste capítulo, a compartilhar algumas das leis que temos descoberto e praticado.

Expressão de gratidão

A contribuição não é apenas um cumprimento de uma ordem; é também a oportunidade de expressar nossa gratidão ao Senhor. No entanto, por trás desse sentimento está a obediência a um mandamento. Quando as Escrituras declaram que "Deus ama ao que dá com alegria" (2Co 9.7), não significa que a alegria coloca a contribuição em uma condição opcional, e sim que ele se agrada de um coração que obedece alegremente a um mandamento. Não contribuir, de acordo com o preceito bíblico, é andar desordenadamente, o que nos privará da plenitude de Deus.

Mordomia é a consciência de que nada do que temos nos pertence, e sim ao Senhor, e que devemos administrar nossos bens para ele da melhor maneira possível. A contribuição, por sua vez, é um contínuo lembrete de que somos mordomos e não devemos nos apegar ao que não é nosso.

Fidelidade no mínimo

Não adianta dizermos que, quando Deus nos der mais dinheiro, então passaremos a contribuir. Se não o fizermos com o pouco que temos, não o faremos depois. Relembremos mais uma vez as palavras de Jesus:

> Quem é fiel no pouco também é fiel no muito; e quem é injusto no pouco também é injusto no muito.
>
> Lucas 16.10

Quem não dá dez por cento de mil reais de renda não dará dez por cento de uma renda de dez mil reais. Se você não conseguir fazer isso enquanto tiver pouco, não conseguirá fazê-lo depois. A corrupção está dentro do ser humano. O dinheiro somente traz à tona o que já existe por lá! Por isso, precisamos de disciplina no contribuir, independentemente de acharmos que fará diferença ou não.

Através de nossas contribuições, temos a oportunidade de nos exercitarmos na fidelidade. Pela disciplina da contribuição contínua, nosso coração é treinado e nosso caráter é aperfeiçoado. Precisamos ser fiéis ao Senhor e não aceitar nenhum tipo de desculpas para não contribuir.

Segundo as nossas posses

Cada um contribuirá na medida em que puder. Essa foi a instrução dada tanto no Antigo como no Novo Testamento.

> [...] cada um oferecerá *na proporção em que possa dar*, segundo a bênção que o Senhor, seu Deus, lhe houver concedido.
>
> Deuteronômio 16.17

> Quanto à coleta para os santos, façam também vocês como ordenei às igrejas da Galácia. No primeiro dia da semana, cada um de vocês separe uma quantia, *conforme a sua prosperidade*, e vá juntando, para que não seja necessário fazer coletas quando eu for.
>
> 1Coríntios 16.1-2

Ninguém deve deixar de contribuir por não ter muito. E também não se deve dar além daquilo que pode, negligenciando a família e os compromissos básicos. Ainda assim, dentro de sua possibilidade, todos podem dar. Há pessoas que esperam ter muito para depois começarem a contribuir. No entanto, como acabamos de ver, se não aprendermos a dar enquanto temos pouco, dificilmente o faremos quando tivermos mais.

O Senhor não pede de alguém o que não esteja ao seu alcance. Algumas vezes, vemos na Bíblia Deus pedindo algo precioso, como ele fez com Abraão. Outras vezes, vemos pessoas ofertando tudo o que possuíam, de modo sacrificial, e não podemos negar que o Espírito Santo possa tê-las movido em seu íntimo a agirem assim. O importante, no entanto, é não perdermos de vista o propósito de Deus:

> Porque, se há boa vontade, a oferta será aceita conforme o que a pessoa tem e não segundo o que ela não tem.
>
> 2Coríntios 8.12

A contribuição é aceita segundo o que você tem — ou, em outras palavras, de acordo com as suas posses.

Insisto: ninguém precisa carregar um peso no coração por não poder ofertar mais. Por vezes, tenho enfrentado momentos de descontentamento em meu coração por não poder ofertar mais. Eu amo a causa do evangelho e, muitas vezes, gostaria de poder ter feito bem mais, de ter ido além do que já fiz na área das contribuições. Mas me conforta saber que Deus não espera de nós mais do que podemos fazer. Ele espera que façamos a nossa parte — e que sejamos fiéis na parte que nos toca.

Já mencionamos anteriormente um exemplo bíblico indiscutível acerca disso. Convém revisitá-lo:

> Sentado diante da caixa de ofertas, Jesus observava *como* o povo lançava ali o dinheiro. Ora, muitos ricos depositavam grandes quantias. Vindo, porém, uma

viúva pobre, lançou duas pequenas moedas correspondentes a um quadrante. E, chamando os seus discípulos, Jesus disse:

— Em verdade lhes digo que esta viúva pobre lançou na caixa de ofertas mais do que todos os ofertantes. Porque todos eles deram daquilo que lhes sobrava; ela, porém, *da sua pobreza deu tudo o que possuía*, todo o seu sustento.

Marcos 12.41-44

Deus não vê nem tampouco compara números. O muito de quem tem pouco, comparado na ótica contábil com o pouco de quem tem muito, pode parecer menos; contudo, somente aos nossos olhos. O Senhor vê a disposição do coração — além da limitação da renda e das posses — e ainda considera a proporcionalidade do que damos em relação ao que podemos.

Quem possui mais não é melhor do que aquele que tem menos condições, ainda que tenha a capacidade de ofertar mais. Até porque esses valores não são mesurados por Deus da mesma forma que fazemos. Aos olhos humanos, aquela viúva deu apenas duas moedinhas; aos olhos divinos, ela deu tudo o que possuía.

Quando Jesus foi dedicado no templo, seus pais deram uma oferta que era feita pelas pessoas de menor poder aquisitivo; no entanto, essa oferta não perdeu o seu valor.

Passados os *dias da purificação* deles segundo a Lei de Moisés, levaram o menino a Jerusalém *para o apresentar ao Senhor*, conforme o que está escrito na Lei do Senhor: "Todo primogênito será consagrado ao Senhor." E também foram *para oferecer um sacrifício*, segundo o que está escrito na referida Lei: *"Um par de rolinhas ou dois pombinhos"*.

Lucas 2.22-24

Que oferta era essa?

Havia um período determinado pela lei, após o nascimento de uma criança, que os pais deveriam observar — em especial, a mãe —, e esse rito de purificação incluía um sacrifício:

E, cumpridos *os dias da sua purificação* pelo nascimento de um filho ou de uma filha, trará ao sacerdote, à porta da tenda do encontro, um cordeiro de um ano, por holocausto, e um pombinho ou uma rolinha, por oferta pelo pecado; o sacerdote oferecerá esse sacrifício diante do SENHOR e, pela mulher, fará expiação; e ela será purificada do fluxo do seu sangue. Esta é a lei a respeito da

> que der à luz um menino ou uma menina. Mas, *se as suas posses não lhe permitirem trazer um cordeiro, então a mulher trará duas rolinhas ou dois pombinhos*, um para o holocausto e o outro para a oferta pelo pecado; assim, o sacerdote fará expiação pela mulher, e ela ficará pura.
>
> Levítico 12.6-8

Não há como ignorar esse relato, pois "tudo o que no passado foi escrito, *para o nosso ensino foi escrito*" (Rm 15.4). Os pais de Jesus, pelo menos naquele momento, não tinham condições financeiras para oferecer um cordeiro e levaram apenas o par de aves. E isso nos comunica alguns princípios.

O primeiro deles é que ter poucos recursos financeiros não isenta as pessoas de ofertarem. Vejo muita gente usando isso como desculpa para não fazer aquilo que deveria ser feito. O valor que ofertamos é voluntário; escolher nunca ofertar, não.

O segundo princípio envolve saber lidar com certos momentos de limitação financeira. Desejar ter condições de ofertar mais ao Senhor é louvável, e podemos pedir a ajuda divina para isso. Ana pediu a Deus um filho com o intuito de ofertá-lo a ele. Mas também devemos aguardar com paciência até que as circunstâncias mudem e possamos fazer aquilo que desejamos.

Que não se confunda, porém, ofertar menos do que se gostaria com não ofertar ou fazê-lo com um coração errado, uma vez que há, também, uma espécie de *paradoxo* a ser considerado — e falarei mais acerca disso no próximo capítulo. Trata-se de uma lei divina, apresentada nas Escrituras como a lei de dar e receber ou também como a lei da semeadura e colheita.

Ou seja, se por um lado ter posses menores nos isenta de contribuir *na mesma proporção* dos que estão em um momento financeiro mais favorável, por outro lado, o caminho para os milagres financeiros ainda é o mesmo: o ato de dar. E aqui encontramos a razão pela qual alguns crentes não rompem no quesito material: ignorar e negligenciar essas leis.

A vida é cíclica. Todos passamos por momentos de altos e baixos, de "vacas gordas e magras", inclusive na área financeira, não importa quão crente alguém seja. Vejamos o exemplo de Paulo:

> Digo isto, não porque esteja necessitado, porque aprendi *a viver contente em toda e qualquer situação*. Sei o que é *passar necessidade* e sei também o que é *ter em abundância*; aprendi o segredo de toda e qualquer circunstância, tanto de

> estar alimentado como de ter fome, *tanto de ter em abundância como de passar necessidade*. Tudo posso naquele que me fortalece.
>
> Filipenses 4.11-13

A expressão "tudo posso naquele que me fortalece" tem sido usada por muitos cristãos para falar de realização, de "posso fazer". Entretanto, o apóstolo a aplicou no sentido de "posso suportar". Nossa alegria não pode depender das circunstâncias. Nossa força, nossa motivação e nosso prazer procedem do Senhor. Assim, podemos encarar os momentos difíceis com paciência e sem perder a expectativa de mudanças; o que não podemos concluir, em hipótese alguma, é que o padrão bíblico seja viver só em necessidade, sem momentos marcados pela provisão divina, sobrenatural.

Há várias razões para os momentos de escassez. Elas variam da responsabilidade pessoal da boa administração às circunstâncias à volta, como a economia nacional ou até mesmo a global. A boa notícia, no entanto, é que podemos experimentar o socorro divino e ver nossa condição mudada.

Generosidade

Já dedicamos um capítulo inteiro a esse assunto e não quero ser repetitivo, porém essa é uma lei tão essencial que merece aqui nova menção. Deus não aceita o que é fruto da avareza, como nos lembra o apóstolo Paulo:

> Portanto, julguei necessário recomendar aos irmãos que me precedessem na visita a vocês e preparassem de antemão a oferta que vocês prometeram, para que esteja pronta como *expressão de generosidade e não de avareza*.
>
> E isto afirmo: aquele que semeia pouco também colherá pouco; e o que semeia com fartura também colherá com fartura. Cada um contribua segundo tiver proposto no coração, não com tristeza ou por necessidade, porque *Deus ama quem dá com alegria*.
>
> 2Coríntios 9.5-7

Deus não está interessado em nosso dinheiro, mas em nossa expressão de generosidade. Sem isso, a oferta perde seu valor espiritual. Deve haver em nós alegria ao contribuirmos. O apóstolo Paulo se referiu a isso como sendo uma "graça" (2Co 8.4).

É um privilégio servir a Deus com nossos bens. E o Senhor não quer que façamos isso por constrangimento, mas de coração. Não basta fazer a coisa certa; é necessário fazê-la da forma correta. Dar é a coisa certa, mas dar generosamente é fazer do jeito certo. No Antigo Testamento, Deus ordenou que o povo de Israel ajudasse aos pobres, mas advertiu que o fizessem com a motivação correta:

> Vocês devem dar livremente, sem maldade no coração, quando lhe derem o que ele precisa, porque, por isso, o Senhor, seu Deus, os abençoará em todas as suas obras e em tudo o que vocês empreenderem.
>
> Deuteronômio 15.10

O Senhor não desejava apenas que os pobres fossem socorridos, mas que aqueles que os ajudassem o fizessem com um coração correto. Deveriam ser movidos não apenas pelo dever de ajudar, mas por um coração que se regozija ao estender a mão ao próximo.

Escrevendo a Timóteo, Paulo instruiu que exortasse "aos ricos deste mundo" a serem "generosos em dar e prontos a repartir". Não bastava que simplesmente doassem parte de seus bens; as suas dádivas deveriam refletir generosidade genuína.

> Exorte os *ricos deste mundo* a que não sejam orgulhosos, nem depositem a sua esperança na instabilidade da riqueza, mas em Deus, que tudo nos proporciona ricamente para o nosso prazer. Que eles façam o bem, sejam ricos em boas obras, *generosos em dar e prontos a repartir*; ajuntando para si mesmos um tesouro que é sólido fundamento para o futuro, a fim de tomarem posse da verdadeira vida.
>
> 1Timóteo 6.17-19

Uma boa maneira de avaliarmos nossa generosidade ao ofertar é compararmos quanto investimos no reino de Deus com quanto investimos em entretenimentos e hobbies. Não consigo compreender, por exemplo, um cristão que oferta menos do que gasta com diversão.

Vimos que as Escrituras Sagradas nos revelam que, quando Jesus esteve no templo de Jerusalém, ele se assentou diante do cofre das ofertas para observar como as pessoas contribuíam. Não está escrito que Jesus observava *quanto* ofertavam, mas *como* ofertavam. O texto mostra que muitos ricos lançavam ali grandes quantias, mas, apesar de ofertarem mais em termos absolutos, não estavam de fato dando além daquilo que lhes sobrava. Além de que, se suas ofertas fossem comparadas com seu poder aquisitivo, veríamos que, proporcionalmente, não estavam oferecendo muito.

Muitos crentes ofertam apenas por *obrigação*; outros o fazem apenas por *medo* do devorador. Há ainda aqueles que ofertam motivados unicamente pelo desejo de *multiplicar* seu dinheiro. Contudo, a verdadeira alegria do doador não está centrada naquilo que diz respeito a si, mas em expressar diante de Deus a sua generosidade — em dar de maneira substancial!

Periodicidade e constância

Esse aspecto é muito importante. Há pessoas que testemunham que fizeram ofertas de sacrifício e que houve ocasiões em que o Senhor lhes tocou o coração para fazerem algo especial, mas, apesar dessas experiências, elas não vivem uma prática regular e constante de contribuições.

Paulo ensinou aos coríntios que devemos fazer isso de forma planejada e periódica:

> No *primeiro dia da semana*, cada um de vocês separe uma quantia, conforme a sua prosperidade, e vá juntando, para que não seja necessário fazer coletas quando eu for.
>
> 1Coríntios 16.2

O apóstolo ensinou que a contribuição deveria ser pessoal, constante e programada. A igreja também deve perceber aqui um princípio administrativo importante: a necessidade de trabalharmos com fundos destinados a propósitos específicos e previamente planejados.

Vale ainda ressaltar que a expressão "conforme a sua prosperidade" sugere o cuidado da família antes do restante das prioridades, sempre obedecendo à clássica ordem: Deus, família, igreja e, depois, os outros.

No próximo capítulo abordaremos a importância de semearmos com regularidade e perseverança. A Bíblia nos ensina que, depois de termos começado a fazer o bem, não podemos desanimar quanto a continuar a fazê-lo. A bênção do Senhor virá sobre os que não desfalecem, sobre os que não se cansam nem se desanimam de fazer o bem. Essa é a instrução bíblica:

> E *não nos cansemos de fazer o bem*, porque no tempo certo faremos a colheita, se não desanimarmos.
>
> Gálatas 6.9

As emoções pessoais, e até mesmo o próprio diabo, com suas sugestões malignas, tentarão desanimá-lo. Contudo, persevere e prossiga contribuindo de forma periódica e constante.

Obediência

Outro aspecto interessante, usado na Bíblia em associação com a ideia de contribuição, é a questão da *obediência*. Paulo tratou desse tema em sua epístola aos coríntios:

> Porque o serviço desta assistência não só supre a necessidade dos santos, mas também transborda em muitas orações de gratidão a Deus. Na prova deste serviço, eles glorificam a Deus pela *obediência* da confissão que vocês fazem do evangelho de Cristo e pela generosidade com que vocês contribuem para eles e para todos.
>
> 2Coríntios 9.12-13

Nossas contribuições, em todos os seus níveis (dízimos, ofertas e esmolas), são uma prova de nossa obediência a Deus. Era assim que os líderes compreendiam essa questão no início da igreja. Quando viam as pessoas ofertando, entendiam que havia uma relação direta entre a liberalidade delas e sua obediência ao Senhor e à sua Palavra. Portanto, se somos falhos nessa área, estamos também revelando a qualidade de nossa obediência nas demais áreas. Além disso, Deus não precisa de nossa contribuição; nós é que precisamos da obediência a ele e da bênção que vem por praticá-la!

Eu tenho um *critério pessoal* na escolha daqueles que levanto para trabalharem comigo no ministério. Não me disponho a investir "pesado" em suas vidas e ministérios se não perceber neles uma grande disposição em semear no reino de Deus. Acredito que isso seja uma espécie de "termômetro de obediência". Quem não obedece a Deus no dar também não lhe obedecerá em outros níveis de entrega e renúncia que o Senhor espera de nós.

Quando aquele jovem rico foi ao encontro de Jesus, recebeu dele um convite para segui-lo e ser seu discípulo. Contudo, a condição que o Senhor lhe impôs foi vender tudo o que tinha e doar aos pobres, para somente então segui-lo. Creio que essa condição estabelecida por Jesus foi uma espécie de peneira. Não penso que os ricos estejam impedidos de exercer um ministério, mas creio que, se não conseguirem demonstrar obediência no ato de dar, tampouco conseguirão demonstrá-la nas outras áreas.

Barnabé foi um dos ministérios de excelência do Novo Testamento, um homem com um coração pronto a investir em vidas. Entre suas muitas virtudes, porém, a Palavra do Senhor destaca sua *liberalidade* e prontidão de *obediência* nessa área específica:

> Então José, a quem os apóstolos chamavam de Barnabé, que quer dizer filho da consolação, um levita natural de Chipre, *vendeu um campo que possuía, trouxe o dinheiro e o depositou aos pés dos apóstolos.*
>
> Atos 4.36-37

Através das nossas dádivas, não apenas mantemos nosso coração submisso a Deus, mas também transformamos nosso dinheiro em servo dos propósitos do seu reino.

Questione-se: em quais dessas áreas abordadas você necessita de mudança? Examine seu coração e sua conduta, então faça os ajustes e alinhamentos necessários. Separe um tempo para orar e meditar acerca desses princípios e de sua resposta a eles. Ore especificamente para melhor entender e praticar essas verdades.

12

SEMEADURA E COLHEITA

Dá o que tens, para que mereças receber o que te falta.

AGOSTINHO DE HIPONA

Eu nasci em Santo André, morei por poucos anos em São Bernardo do Campo e cresci em Campinas — todas grandes cidades do estado de São Paulo. Portanto, eu não conhecia de perto a agricultura, até que, em 1993, me mudei para o Paraná, um dos estados de maior produção agrícola do Brasil. Morando em cidades do interior, como Guarapuava e Irati, foi inevitável conhecer de perto os agricultores e suas lavouras.

Nesse tempo, aprendi muitos dos princípios que regem a semeadura e a colheita, não somente do mundo natural, mas também do mundo espiritual. O princípio da semeadura e colheita foi instituído por Deus, e, enquanto durar a terra, esse princípio jamais deixará de funcionar. Foi isso o que o Senhor declarou depois do julgamento através do dilúvio:

> E o SENHOR aspirou o aroma agradável e disse consigo mesmo:
>
> — Nunca mais vou amaldiçoar a terra por causa das pessoas, porque é mau o desígnio íntimo do ser humano desde a sua mocidade. Também nunca mais vou destruir todos os seres vivos, como fiz desta vez. Enquanto durar a terra, *não deixará de haver semeadura e colheita,* frio e calor, verão e inverno, dia e noite.
>
> Gênesis 8.21a-22

Podemos ver a seguir o mandamento de Deus para o ser humano plantar e colher desde o início, lá no Jardim do Éden:

> O SENHOR Deus tomou o homem e o colocou no jardim do Éden *para o cultivar* e o guardar.
>
> Gênesis 2.15

O homem foi colocado no Jardim do Éden para cultivá-lo. A palavra hebraica *abad* também é traduzida como "lavrar" e, basicamente, significa "trabalhar".[1] Nesse aspecto, "semeadura e colheita" equivale a "trabalho", e devemos entender a importância desse aspecto no plano da providência divina.

Há pessoas ensinando que o sustento do homem não depende da aplicação da lei da semeadura e colheita, e usam como fundamento do seu argumento a seguinte afirmação do Senhor Jesus:

> Observem as aves do céu, que *não semeiam, não colhem*, nem ajuntam em celeiros. No entanto, o Pai de vocês, que está no céu, as sustenta. Será que vocês não valem muito mais do que as aves?
>
> Mateus 6.26

Jesus disse, de fato, que a origem do sustento das aves é o Senhor e que elas não precisam semear ou colher, nem ajuntar em celeiros. Mas, ao declarar isso, ele não anulou o princípio encontrado em toda a Bíblia de que as pessoas devem semear e colher. Ele disse apenas que, se a ave, que não semeia, já tem o seu sustento, quanto mais o homem, que semeia (e também colhe) e vale muito mais do que as aves, terá o seu sustento!

Cristo também falou sobre os lírios do campo, que não trabalham nem fiam, mas são belamente vestidos por Deus; e disse que, se o Pai celestial os veste, então muito mais ele nos vestirá. Porém ele não estava dizendo que não precisamos trabalhar ou que temos que deixar de nos vestir para Deus fazer isso literalmente em nosso lugar. Foi apenas uma maneira de mostrar que, se eles têm tudo isso sem trabalho e sem possuir o mesmo valor que nós, então temos uma grande vantagem sobre eles.

Sustento que, assim como não podemos desvincular o sustento da semeadura natural, também não podemos desvinculá-lo da semeadura espiritual.

[1] Bible Hub, verbete *abad*, H5647, <https://biblehub.com/hebrew/5647.htm>.

Entendendo o trabalho

O trabalho é um mandamento bíblico e foi estabelecido por Deus desde o início da história da humanidade como a maneira pela qual o homem promoveria seu sustento:

> No *suor do seu rosto você comerá o seu pão,* até que volte à terra, pois dela você foi formado; porque você é pó, e ao pó voltará.
>
> Gênesis 3.19

Depois da queda, o trabalho tornou-se mais árduo por causa da maldição que sobreveio à terra (Gn 3.17-19). No entanto, o trabalho em si não é maldição nem consequência do pecado, pois, antes da queda, Adão já havia sido colocado no jardim para cultivá-lo. É o meio pelo qual o homem sustenta sua casa e vive dignamente; além disso, por meio de seu ganho, ele também pode servir ao reino de Deus e aos necessitados:

> Aquele que roubava não roube mais; pelo contrário, trabalhe, fazendo com as próprias mãos o que é bom, *para que tenha o que repartir com o necessitado.*
>
> Efésios 4.28

Ninguém que diz que serve a Cristo deve negligenciar o cuidado de sua casa, pois a Palavra de Deus também declara:

> Se alguém não tem *cuidado dos seus e, especialmente, dos da própria casa,* esse negou a fé e é pior do que o descrente.
>
> 1Timóteo 5.8

Há princípios que Deus instituiu e que não podem ser quebrados. As Escrituras declaram que há uma ligação entre o trabalho da pessoa e seu sustento. Adão teria de suar para comer o pão, e quem não quer trabalhar não tem direito a comer:

> Porque, quando ainda estávamos com vocês, ordenamos isto: "*Se alguém não quer trabalhar, também não coma.*" Pois, de fato, ouvimos que há entre vocês algumas pessoas que vivem de forma desordenada. Não trabalham, mas se intrometem na vida dos outros. A essas pessoas determinamos e exortamos, no Senhor Jesus Cristo, que, trabalhando tranquilamente, comam o seu próprio pão.
>
> 2Tessalonicenses 3.10-12

Paulo se "orgulhava" de nunca ter sido um peso para ninguém e do fato de que muitas vezes suas próprias mãos — seu trabalho — proporcionaram seu sustento (At 20.34).

A igreja deve socorrer as viúvas que não têm condições de se sustentar, mas, quando há alguém na família que pode trabalhar para trazer o sustento, então a igreja é instruída a não sustentar esses lares de forma sistemática; isso comprova a importância e o dever do nosso trabalho:

> Honre as viúvas que não têm ninguém para cuidar delas. Mas, se alguma viúva tem filhos ou netos, que estes aprendam primeiro a *exercer piedade para com a própria casa e a recompensar os seus pais*, pois isto é aceitável diante de Deus.
>
> 1Timóteo 5.3-4

Porém, além de mostrar a importância do nosso trabalho como meio de produzirmos nosso sustento e o aumento de nossos bens, as Sagradas Escrituras também ensinam os filhos de Deus a ir além desses resultados:

> Será inútil levantar de madrugada,
> dormir tarde,
> comer o pão que conseguiram com tanto esforço;
> *aos seus amados ele o dá enquanto dormem.*
>
> Salmos 127.2

Mais do que apenas trabalhar, somos ensinados a edificar com a bênção de Deus. A graça do Senhor pode nos levar mais longe do que nosso esforço, mas isso não significa que não precisamos laborar. Desde o Antigo Testamento, Deus já admoestava seu povo a não pensar que prosperariam sozinhos.

O trabalho tem seu lugar, mas a bênção divina nos leva além de nossos próprios resultados. Assim, não podemos afirmar que a liberação da provisão de Deus sobre nossas vidas depende somente de nós, nem tampouco que não temos parte nela:

> Portanto, não pensem: "A minha força e o poder do meu braço me conseguiram estas riquezas." Pelo contrário, *lembrem-se do Senhor, seu Deus, porque é ele quem lhes dá força para conseguir riquezas*; para confirmar a sua aliança, que, sob juramento, prometeu aos pais de vocês, como hoje se vê.
>
> Deuteronômio 8.17-18

É lógico que há exemplos bíblicos em que a provisão flui mesmo onde não há condições de gerá-la com o próprio trabalho, como no caso do povo de Israel em sua jornada no deserto ou do profeta Elias junto ao ribeiro de Querite. Esses exemplos, no entanto, retratam a exceção, não a regra.

A falta de trabalho impede o fluir da provisão quando ela está ligada à negligência, mas não no caso de impossibilidade. Mesmo assim, não podemos desassociar o padrão divino do plantio e colheita da sua provisão em nossa vida. Primeiro o homem faz a sua parte, depois Deus faz a parte dele.

O aspecto espiritual

Assim como devemos plantar e colher para ter nosso sustento na dimensão natural, de igual modo devemos gerar recursos e conquistas por meio da semeadura na dimensão espiritual.

As Escrituras Sagradas nos revelam que a lei da semeadura e colheita não é apenas uma lei natural. Ela também é aplicada, pela Palavra de Deus, como uma lei espiritual:

> Não se enganem: de Deus não se zomba. Pois *aquilo que a pessoa semear, isso também colherá*. Quem *semeia* para a sua própria carne, da carne *colherá* corrupção; mas quem *semeia* para o Espírito do Espírito *colherá* vida eterna.
>
> Gálatas 6.7-8

Além de revelar que esse princípio opera em nossa vida cristã, a Palavra de Deus ainda nos mostra, de forma bem específica, a operação dessa lei na esfera da contribuição:

> E isto afirmo: aquele que *semeia* pouco também *colherá* pouco; e o que *semeia* com fartura também *colherá* com fartura.
>
> 2Coríntios 9.6

O apóstolo Paulo comparou as ofertas com uma semeadura. Portanto, se há um paralelo entre as nossas ofertas e a lei da semeadura e colheita, há também uma série de lições que podemos extrair dos princípios de plantio e ceifa encontrados na Bíblia e aplicá-las ao funcionamento das ofertas e dos demais níveis de contribuição.

Na verdade, há vários aspectos interessantes a serem destacados nesse assunto do paralelismo entre "semeadura e colheita" e nossas contribuições. Abordaremos, em seguida, alguns desses aspectos.

Você colhe o que planta

Vemos que o apóstolo Paulo declarou que quem semeia na carne colhe de acordo com o tipo de semente que plantou, assim como quem semeia no Espírito colhe do Espírito. Essa é uma lei imutável. Deus determinou, desde a criação, que cada semente gere segundo sua própria espécie.

Portanto, se você quer uma colheita financeira, precisa fazer uma semeadura financeira. Se você ajudar alguém com seu tempo e talento, colherá de volta esse mesmo tipo de semente que plantou. Mas, se você ofertar com bens materiais no reino de Deus, terá uma colheita financeira.

Muitos de nós não temos conquistado mais em Deus justamente pela falta de entendimento das leis por ele estabelecidas. Oseias profetizou: "O meu povo está sendo destruído, pois lhe falta o conhecimento" (Os 4.6). E o contexto do conhecimento nessa passagem referia-se justamente à Palavra de Deus: "visto que se esqueceram da lei do seu Deus". O entendimento desses princípios nos ajuda a plantar intencionalmente, com a expectativa de colhermos.

É evidente que o Senhor não deseja ofertas interesseiras, pois ele ama o que dá com alegria. Mas isso não anula o fato de que ele estabeleceu a lei da semeadura e colheita e nos instruiu a respeito dela em sua Palavra com o propósito de provocar nossa fé. Tenho a certeza de que, ao agir assim, Deus esperava que usássemos essa sua lei para nosso próprio bem.

Entendendo o propósito

Por que precisamos semear e colher?

Por duas razões distintas. O apóstolo Paulo falou sobre elas aos coríntios:

> E Deus, que dá *semente ao que semeia* e *pão para alimento*, também suprirá e aumentará as sementes e multiplicará os frutos da justiça de vocês.
>
> 2Coríntios 9.10

Ele afirmou que Deus dá semente ao que semeia e pão para alimento, o que revela um duplo propósito na semeadura:

- Deus quer que semeemos mais.
- Deus quer suprir nossas necessidades.

Portanto, podemos afirmar que o propósito da semeadura é a colheita, e que esta, por sua vez, divide-se em duas partes distintas: a de Deus e a nossa.

Vemos esse princípio em vários textos bíblicos. Já vimos que Paulo orientou aos efésios que trabalhassem para que tivessem com que acudir ao necessitado (Ef 4.28). Ou seja, o propósito do trabalho não é a obtenção dos meios de subsistência somente para nós mesmos. É necessário que haja sobras para que possamos repartir com outros. O propósito divino não é apenas suprir nossas necessidades, mas também liberar de modo abundante, para que transbordemos sua bênção e provisão na vida de outros.

Há muitos crentes egoístas que, alegando humildade ou desprendimento, afirmam querer apenas o que é necessário para viver. Isso é errado. É antibíblico! Não podemos ter somente o necessário para sobreviver. Precisamos ter bem mais do que isso; precisamos ter a nossa parte e a parte de Deus.

Certa ocasião, Pedro teve a oportunidade de ser ensinado por Jesus de um modo bem prático acerca desse princípio:

> Quando Jesus e os discípulos chegaram a Cafarnaum, os que *cobravam o imposto das duas dracmas* se dirigiram a Pedro e perguntaram:
>
> — O Mestre de vocês não paga as duas dracmas?
>
> Pedro respondeu:
>
> — Claro que paga!
>
> Quando Pedro estava entrando em casa, Jesus se adiantou, dizendo:
>
> — Simão, o que você acha? De quem os reis da terra cobram impostos ou tributo: dos seus filhos ou dos estranhos?
>
> Quando Pedro respondeu: "Dos estranhos", Jesus lhe disse:
>
> — Logo, os filhos estão isentos. Mas, para que não os escandalizemos, vá ao mar, jogue o anzol e puxe o primeiro peixe que fisgar. Ao abrir a boca do peixe, você encontrará uma moeda. Pegue essa moeda e entregue aos cobradores, *para pagar o meu imposto e o seu.*
>
> Mateus 17.24-27

Esse é, aos meus olhos, um dos mais belos milagres de provisão na Bíblia. O Senhor Jesus não somente supriu a necessidade de Pedro, para que ele pagasse sua dívida de impostos, mas também forneceu mais do que o necessário. Para quê? Para que ele também pudesse pagar a parte do Senhor Jesus! A instrução foi bem clara: "Pegue essa moeda e entregue aos cobradores, para pagar o meu imposto e o seu". Sempre que uma colheita chega em nossa vida, é para cumprir esse duplo propósito: suprir a parte de Deus (para uma nova semeadura) e também a nossa parte (para o nosso sustento).

Observe a instrução dada pelo apóstolo a seu discípulo Timóteo. Ele falava sobre finanças:

> Exorte os *ricos deste mundo* a que não sejam orgulhosos, nem depositem a sua esperança na instabilidade da riqueza, mas em *Deus, que tudo nos proporciona ricamente para o nosso prazer*. Que eles *façam o bem*, sejam ricos em boas obras, *generosos em dar e prontos a repartir*; ajuntando para si mesmos um tesouro que é sólido fundamento para o futuro, a fim de tomarem posse da verdadeira vida.
>
> 1Timóteo 6.17-19

Ao falar sobre os ricos, ele tanto diz que Deus nos proporciona tudo, para o nosso aprazimento, como também nos exorta a praticarmos o bem, a sermos ricos de boas obras, prontos a repartir. Assim, ele nos mostra que o propósito das nossas riquezas é duplo:

- Para o nosso aprazimento, para desfrutarmos de uma parte do que nos foi confiado.
- Para repartirmos e, assim, abençoarmos a vida de outras pessoas.

Já conheci muitos cristãos que se consideravam tão "humildes", que não ousavam orar pedindo nada a Deus que fosse de ordem financeira. Não queriam ser abençoados em suas finanças, porque achavam que isso seria aproveitar-se de Deus. Evidentemente, não entenderam o propósito divino revelado nas Escrituras.

O fato é que, se você não for abençoado, também não poderá abençoar. Para podermos transbordar recursos para o reino de Deus e suprir os necessitados, precisamos da colheita financeira. E, para isso, teremos que primeiramente semear.

Se você não quiser a sua parte da colheita (o pão para alimento), então semeie tudo de novo! Mas não seja omisso em sua responsabilidade de semear no reino de Deus e na vida de outros. Sua colheita não é importante apenas para você, ela é importante para Deus e também para outras pessoas.

Eu não quero colocar uma ambição materialista em seu coração. Incluí neste livro o capítulo "Aprendendo o contentamento" não só para não ser mal-interpretado, mas também para plantar o tipo de atitude correta em seu íntimo. Precisamos de equilíbrio; como diz o ditado: "nem tanto ao mar, nem tanto à terra". O fato de não podermos ficar presos ao dinheiro não significa que não possamos tê-lo; o importante é que ele não nos tenha.

Certa ocasião, há quase três décadas, Deus abriu meus olhos para isso. A Kelly e eu já havíamos ofertado nosso carro para ajudar na conclusão da construção do templo da igreja em que atuávamos no pastoreio. Depois disso, o Senhor nos pediu mais. Como não tínhamos nenhuma reserva ou qualquer outro bem, pedi a Deus que me orientasse, pois eu não sabia como ofertar mais. Então, me veio uma luz. Nós nos mudamos do apartamento em que morávamos, no centro da cidade, para uma casa num bairro mais afastado, e ofertamos a diferença do aluguel durante um ano. Quando estávamos na nova casa havia poucos meses, o Senhor novamente me pediu que ofertasse mais. Foram nossas primeiras lições nesse aprendizado.

O Espírito Santo me gerou uma forte convicção, pelo testemunho interior, de que eu deveria doar mil reais a cada um dos três missionários que ele me mostrara claramente. Entrei em pânico! Isso era muito dinheiro para a época e para nosso orçamento. Eu não tinha de onde tirar os três mil reais e achava impossível obedecer à direção interior que recebera do Espírito. Foi então que orei, dizendo ao Senhor que a única forma de conseguir aquele dinheiro seria com ele, e passei a orar fervorosamente por aquela quantia.

Algum tempo depois, um irmão bateu à porta de casa e confessou que vinha sentindo fortemente nos últimos dias um *impulso* (que ele denominou de "uma coisa que não parava de perturbar sua cabeça") de me ofertar três mil reais. Afirmou ainda que não sabia qual era o motivo para aquilo, mas esperava que fosse para nos ajudar a comprar um carro, pois sabia que havíamos doado o nosso.

Dei glória a Deus e então contei-lhe a história, para que ele soubesse que o Senhor realmente o estava dirigindo a fazer aquilo e que ainda não se tratava da nossa colheita, e sim de uma nova semeadura.

Depois de tudo isso acontecer, fiquei muito intrigado com todo esse processo. Parecia-me ser muita burocracia Deus me pedir um dinheiro que eu não tinha, para então eu ter que pedir a ele que enviasse alguém para me doar o dinheiro, para que eu, então, pudesse doá-lo de novo àquelas pessoas que o próprio Deus me havia mostrado que precisavam.

Por que Deus não havia mandado esse dinheiro diretamente a esses missionários, sem ter que me colocar na história?

Porque ele queria ensinar-me algo!

Devemos ser canais do fluxo das finanças enviadas por Deus. O Senhor não nos pede que ofertemos porque quer tirar de nós o que temos, mas porque deseja criar em nossa vida um ciclo progressivo de semeadura e colheita.

Deus fez isso simplesmente para me mostrar que ele quer nos dar mais recursos financeiros. Precisamos de mais do que o suficiente para nossas necessidades. Precisamos de mais recursos para sermos um canal de bênçãos no reino de Deus e na vida de outros.

Colheita na proporção do plantio

Vemos de forma clara um princípio importante no versículo citado anteriormente: "aquele que semeia pouco também colherá pouco; e o que semeia com fartura também colherá com fartura" (2Co 9.6). Isso fala da colheita na exata proporção do plantio! Deus não impõe quanto devemos plantar. Cada um semeia segundo propôs em seu coração. A decisão é nossa. Usamos de nossa vontade e poder de escolha para determinar quanto semearemos.

Aprendi que não é Deus quem decide quanto semeio. Sou eu mesmo que faço minha escolha e tomo a decisão.

Contudo, ninguém colhe mais do que aquilo que semeou. Ou seja, o tamanho da colheita também não é determinado por Deus. Ao permitir que nós tomemos a decisão sobre o quanto plantaremos, Deus também deixou em nossas mãos o poder de determinarmos o quanto colheremos. Nós mesmos determinamos quanto plantamos. E, ao mesmo tempo, determinamos a colheita, pois ela sempre é proporcional à quantia de sementes que plantamos. Ninguém poderá dizer que Deus o forçou a plantar, mas também não poderá reclamar com Deus por não colher.

Se quisermos "romper" na área financeira e andar na bênção do Senhor, teremos que plantar mais.

Há um tempo específico

Outro aspecto que deve ser enfatizado é que a colheita não é automática, mas precisa de tempo. Alguns plantam a semente num dia e, no outro, já estão cavando a terra para conferir por que ela ainda não brotou. Colhemos no presente a semente que plantamos no passado e colheremos no futuro a semente que estamos plantando no presente. Há um processo por trás dessa lei, e as coisas não são imediatas. No entanto, ainda que não seja instantânea, a colheita é certa e não falhará!

Estou colhendo hoje algumas sementes financeiras que plantei há muitos anos e que eu nem imaginava que ainda tivessem a possibilidade de produzir frutos.

No reino espiritual, não ocorre a mesma cronologia de desenvolvimento e amadurecimento da semente que ocorre no reino natural. Os prazos da colheita não são os mesmos em cada dimensão. Mesmo depois de germinar, a semente ainda tem diante de si todo um processo de desenvolvimento e amadurecimento antes de chegar o momento da colheita. Jesus apresentou esse processo na seguinte ordem:

> A terra por si mesma frutifica: *primeiro* aparece a planta, *depois*, a espiga, e, *por fim*, o grão cheio na espiga. E, quando o fruto já está maduro, logo manda cortar com a foice, porque chegou a colheita.
>
> Marcos 4.28-29

As expressões "primeiro", "depois" e "por fim" são evidências de um processo que se dá em etapas, e não de modo instantâneo. Muitas vezes podemos colher num tempo que, aos nossos olhos, parecerá rápido; em outras situações, talvez colhamos num tempo que nos parecerá demorado. O fato é que a colheita somente poderá ocorrer quando o fruto estiver maduro.

A semente tem que morrer

Outra verdade importante sobre a lei da semeadura e colheita, e que também precisa ser entendida, é que a semente só frutifica se vier a morrer. O Senhor Jesus declarou isso:

Em verdade, em verdade lhes digo: se o grão de trigo, caindo na terra, *não morrer, fica ele só; mas, se morrer, produz muito fruto.*

João 12.24

A lição que extraímos desse paralelo entre o reino natural e o reino espiritual é que não ofertamos para receber, e sim pelo propósito da entrega em si. Além de honrarmos o Senhor, ainda supriremos as necessidades do reino de Deus e de outras pessoas. Quando ofertamos, estamos lançando uma semente que trará uma colheita. E devemos semear com a consciência de que isso, consequentemente, produzirá frutos, mas não podemos lançar a semente pensando apenas na colheita. A semeadura da doação é o *propósito*; a colheita é efeito colateral, uma *consequência* inevitável.

O desejo de abençoar nos faz abrir mão de algo que liberamos em favor do reino de Deus ou de alguém. Essa atitude de abrir mão do que doamos determina o momento em que a semente "morre" para nós e, então, poderá frutificar.

Uma atitude egoísta e interesseira pode impedir que a semente germine, uma vez que, assim, ela "não morreu" para nós. Fazer o bem pensando em nós mesmos não é fazer o bem de verdade, mas usar do benefício como um trampolim apenas para alcançar a bênção. Essa é a mesma filosofia apregoada por certas religiões. Eles fazem o bem para melhorar seu carma. Ou, como dizia o meu pai, eles fazem caridade passando um recibo.

Jesus, porém, nos ensina a fazer o bem *sem esperar nada em troca*:

Façam aos outros o mesmo que vocês querem que eles façam a vocês. Se vocês amam aqueles que os amam, que recompensa terão? Porque até os pecadores amam aqueles que os amam. Se fizerem o bem aos que lhes fazem o bem, que recompensa terão? Até os pecadores fazem isso. E, se emprestam àqueles de quem esperam receber, que recompensa terão? Também os pecadores emprestam aos pecadores, para receberem outro tanto. Vocês, porém, amem os seus inimigos, façam o bem e emprestem, *sem esperar nada em troca*; vocês terão uma grande recompensa e serão filhos do Altíssimo. Pois ele é bondoso até para os ingratos e maus.

Lucas 6.31-35

É logo depois dessa afirmação de que devemos fazer o bem sem esperar nenhum pagamento ou retribuição que Jesus diz que, se dermos, receberemos de volta:

> Deem *e lhes será dado*; boa medida, prensada, sacudida e transbordante será dada a vocês; porque com a medida com que tiverem medido vocês serão medidos também.
>
> Lucas 6.38

Logo, não podemos negar o ensino bíblico e as promessas divinas de que todo aquele que dá recebe de volta. Mas também não podemos dar somente com a intenção de receber, pois aí anularíamos a lei da colheita, visto que a semente plantada que não morre não germina. É uma semente desperdiçada. Esse é um dos motivos pelos quais a generosidade — o prazer de dar — é tão importante e determinante nos resultados de quem doa; ela mantém o coração no devido lugar.

Tudo o que não é movido por fé e amor, em essência, é pecado. Não é errado pregarmos e dizermos ao povo que, quando dão a Deus, eles terão retorno, porque certamente esse princípio é verdadeiro. Mas precisamos motivá-los a dar por amor e honra ao Senhor, bem como por misericórdia e compaixão pelos seus irmãos. Se as nossas ofertas não expressarem honra, o Senhor também não nos honrará. Ao ofertarmos por amor, e não por interesse, permitimos que a semente morra para nós. É aí que o processo de germinação ocorre e faz com que a colheita venha a seu tempo.

A oferta de Ananias e Safira não foi considerada uma semeadura que trouxe uma boa colheita, tampouco a oferta de Caim, lá no início da história da humanidade; ofertar com a motivação errada rouba de nós os benefícios prometidos por Deus. Em contrapartida, a Palavra de Deus diz que ele ama o que dá com alegria, o que se compraz no ato de dar.

Perseverança

A semeadura deve ser uma prática regular e uma expressão de perseverança. No capítulo anterior, sobre algumas leis da contribuição, destacamos a importância da periodicidade e constância em nossas doações. A Bíblia nunca nos aconselha a lançarmos uma única semente. Nos exemplos bíblicos, há sementes que frutificam e há sementes que não frutificam. Mas a insistência e a constância nos conduzirão aos frutos:

> Semeie a sua semente de manhã e à tarde não fique de braços cruzados, porque *você não sabe qual irá prosperar*: se essa, se aquela ou se ambas serão igualmente boas.
>
> Eclesiastes 11.6

Já abordamos o princípio de que a semente tem que morrer para nós no momento da semeadura. E essa atitude de não podermos contar com todas as sementes lançadas retrata uma parte do ensino. Todavia, não podemos perder de vista que Deus quer nos manter cientes de que a colheita virá. Ele alimenta em nós uma expectativa genérica de que, em algum momento, algumas dessas sementes produzirão seu fruto.

Precisamos deste equilíbrio: de termos, por um lado, a consciência de que há bênçãos prometidas para quem aciona esse princípio; e, por outro, de mantermos a consciência de dar com o espírito e a motivação corretos.

Muitos perdem sua colheita financeira por falta de perseverança. É como se plantassem a semente na terra e, alguns dias depois, cavassem-na para ver se está germinando. Ou, ainda, como se esperassem pouco tempo após o plantio e, então, virassem as costas para a terra semeada, desistindo da colheita porque ela não foi instantânea.

Além de sabermos esperar, precisamos ter perseverança. Refiro-me à insistência, à continuidade em prosseguir plantando. Não podemos desanimar! Não podemos desistir! A colheita financeira virá somente aos que perseverarem em sua semeadura. O apóstolo Paulo ensinou em Gálatas:

> E *não nos cansemos de fazer o bem*, porque *no tempo certo* faremos a colheita, *se não desanimarmos*.
>
> Gálatas 6.9

O texto relaciona a colheita ao fato de não desfalecermos. Portanto, não se canse nem desanime! Seja perseverante!

Não fazer alardes

Outro impedimento à bênção da colheita é a falta de ética na questão da discrição ao ajudar os outros. Se fizermos alardes com relação ao que foi feito por nós, perderemos a bênção de Deus para nossa vida. Essa abordagem foi feita por Jesus no assim chamado Sermão do Monte:

> Evitem praticar as suas obras de justiça diante dos outros *para serem vistos por eles*; porque, sendo assim, vocês já não terão nenhuma recompensa junto do Pai de vocês, que está nos céus.
>
> Quando, pois, você der esmola, *não fique tocando trombeta* nas sinagogas e nas ruas, como fazem os hipócritas, *para serem elogiados pelos outros*. Em verdade lhes digo que eles já receberam a sua recompensa. Mas, ao dar esmola, que a sua mão esquerda ignore o que a mão direita está fazendo, para que a sua esmola fique em secreto. E o *seu Pai, que vê em secreto, lhe dará a recompensa.*
>
> Mateus 6.1-4

Como no caso de Paulo ao falar aos filipenses sobre a oferta recebida, a pessoa que foi ajudada pode até fazer alardes sobre a bênção recebida, mas aquele que ajuda… jamais!

Todas as nossas atitudes são sementes

Alguns erroneamente pensam que a semeadura (seguida de colheita) é um princípio que funciona só na dimensão material e financeira, quando se dá uma oferta em dinheiro. Mas, na verdade, assim como o emprego correto do nosso dinheiro em favor do reino de Deus ou de pessoas nos leva a uma boa colheita, também as nossas atitudes erradas com relação ao uso do dinheiro são igualmente uma semeadura.

E, quando a semente é ruim, a colheita será igualmente ruim.

Toda quebra de princípios na área das finanças é uma semeadura negativa: a retenção dos dízimos, a sonegação dos impostos, o roubo, a desonestidade nos negócios, o alarde com relação às ofertas etc. Por isso, tenho afirmado desde o primeiro capítulo que a bênção não vem apenas pela entrega dos dízimos ou das ofertas, e sim por uma soma de princípios bíblicos que são praticados em conjunto.

A forma como vivemos influi muito. Não basta fazer a coisa certa; temos que fazer do jeito certo. A semeadura não é somente aquilo que fazemos, mas a forma como fazemos.

A prática é melhor que o conhecimento

O último ponto que eu gostaria de destacar sobre o plantar e o colher tem a ver com o aspecto prático.

A importância de conhecermos de forma mais ampla a lei da semeadura e colheita é porque esse entendimento certamente nos estimulará a praticá-la, além de gerar fé em nós (Rm 10.17). O conhecimento não fará absolutamente nada além disso. A verdade é que não interessa quanto sabemos sobre essa lei, e sim quanto a usamos! Por exemplo, não importa quem planta uma semente: se é um engenheiro agrônomo que conhece tudo sobre germinação ou se é alguém completamente ignorante acerca de plantio. A semente brotará pelo ato do plantio, e não pela dimensão de conhecimento de quem a plantou. Foi Jesus quem nos ensinou esse princípio, com um paralelo do reino natural:

> O Reino de Deus é como um homem que *lança a semente na terra*. Ele dorme e acorda, de noite e de dia, e a semente germina e cresce, *sem que ele saiba como*. A terra por si mesma frutifica: primeiro aparece a planta, depois, a espiga, e, por fim, o grão cheio na espiga. E, quando o fruto já está maduro, logo manda cortar com a foice, porque chegou a colheita.
>
> Marcos 4.26-29

Quando comecei a praticar regularmente a lei da semeadura em minha vida, eu não conhecia tudo o que hoje sei que está por trás dela, mas, mesmo assim, passei a desfrutar da colheita, pois o que vale não é o quanto você conhece sobre essa lei espiritual, e sim o quanto você a pratica.

Se você se tornar um "doutor" em plantio e ceifa, mas não praticar o que aprendeu, de nada terá valido o conhecimento. No entanto, se você perseverar em semear, certamente colherá conforme a promessa divina.

13

DAR E RECEBER

Nós perguntamos quanto o homem dá;
Cristo pergunta quanto ele retém.

ANDREW MURRAY

No mês de julho de 2003, quando morávamos em Irati, no Paraná, meu filho Israel, então com cinco anos de idade, nos deu a alegria de demonstrar que havia compreendido a lei bíblica do dar e receber.

Havíamos começado, naqueles dias, a dar-lhe alguns trocados com o objetivo de ensiná-lo a poupar o próprio dinheiro. Antes disso, nunca lhe havíamos dado dinheiro diretamente, apenas presentes e coisas que ele pedia ou de que precisava, mas julgávamos que era chegada a hora de iniciar esse aprendizado.

Ele ficou tão entusiasmado com seu estojinho cheio de moedas que decidiu levá-lo consigo à igreja em vez de levar algum brinquedo. Eu estava pregando em outra cidade naquele domingo e não presenciei a cena. Foi a minha esposa quem me contou o ocorrido por telefone, antes mesmo de eu retornar para casa.

Quando o culto estava para começar, Israel se aproximou da mãe e logo pediu a costumeira oferta que tanto gostava de entregar a Deus. Contudo, ao perceber o estojinho de moedas que ele carregava nas mãos, a Kelly achou que era o momento ideal para ensiná-lo a respeito de outro princípio, então lhe disse que, dessa vez, não lhe daria dinheiro para ofertar. Ela explicou que agora, diferentemente de todas as outras vezes, ele tinha o próprio dinheiro, e era hora de aprender a dar a Deus do que lhe pertencia.

O menino prontamente rebateu:

— Mas, mãe, se eu der do meu dinheiro, vou ficar com menos!

Com sabedoria, minha esposa explicou-lhe como Deus é a pessoa mais importante em nossa vida, a relevância de agradá-lo, a gratidão que devemos expressar de várias formas — inclusive por meio das ofertas —, e transferiu a decisão para ele. Também lhe disse que, se quisesse ofertar naquele dia, seria com seu próprio dinheiro, mas que não o forçaria; caberia unicamente a ele decidir ofertar ou não.

No momento das ofertas, ele foi sozinho à frente, enquanto a mãe servia na equipe de louvor, e de longe mostrou-lhe o dinheiro em sua mão, como quem dissesse: "Resolvi dar, mamãe!". E estava radiante.

Ao final do culto, Kelly o abraçou e disse alegremente:

— A mamãe está muito feliz por você ter decidido ofertar do seu dinheiro a Deus. Isso que você fez hoje é muito importante.

Sem titubear, ele respondeu:

— Mas, mãe, veja bem, eu sou esperto. Eu sei que Deus vai me abençoar!

E logo acrescentou:

— Quando Deus me abençoar, como vai acontecer? Vai cair dinheiro do céu, vai para o banco, como é que é?

Minha esposa explicou-lhe que, normalmente, o Senhor usa pessoas para nos abençoar; que o dinheiro não cai do céu e que a bênção não se restringe apenas a recebermos dinheiro de volta.

Ele disse ter entendido, mas reafirmou sua certeza de que Deus o abençoaria. E acrescentou:

— Já que Deus vai me abençoar, mãe, eu já pedi um tênis novo para ele. Inclusive, já falei a cor que quero.

Kelly me relatou tudo pelo telefone, e juntos oramos para que Deus aproveitasse aquele momento para lhe ensinar, de modo prático e marcante, esse princípio bíblico. Dois dias depois, na terça-feira, Teresinha, uma irmã da nossa igreja, telefonou à Kelly perguntando o número que Israel calçava e disse que estava com uma vontade muito grande de lhe comprar um par de tênis. Minha esposa lhe deu a informação, mas não contou nada ao nosso filho.

Na sexta-feira, essa irmã apareceu em casa com o presente. Depois de recepcioná-la, Kelly chamou o dono do presente. Com os olhos brilhando, Israel desembrulhou o pacote e, ao pegar o tênis, exclamou:

— Eu sabia! Da minha cor preferida! Exatamente do jeito que eu pedi para Deus!

Virando-se para a irmã, disse:

— Teresinha, não foi você que me deu esse presente! Foi Deus que tocou o seu coração para me abençoar. Eu dei minha primeira oferta do meu próprio dinheiro no domingo, lá na igreja. E, como eu sabia que Deus me abençoaria, pedi a ele um tênis novo, da cor que eu mais gosto!

Depois que a irmã Teresinha se despediu, ele confessou à mãe:

— Mãe, quando abri aquela caixa e vi o meu tênis novo, eu quase chorei!

Ele quase chorou, mas todos nós choramos. Choramos pela fidelidade de Deus e pela lição que ele havia aprendido — e que também, ao mesmo tempo, nos ensinara.

Há um princípio poderoso na área financeira que Paulo chama de "dar e receber". Escrevendo à igreja em Filipos, o apóstolo agradeceu a ajuda financeira enviada e usou um termo interessante para definir o relacionamento entre ele e aquela igreja: "associar".

> No entanto, vocês fizeram bem, *associando-se* comigo nas aflições.
>
> Filipenses 4.14

Após reconhecer a parceria estabelecida, ele especificou o gênero dessa associação, então apresentou esse poderoso princípio:

> E como vocês, filipenses, sabem muito bem, no início da pregação do evangelho, quando parti da Macedônia, nenhuma igreja *se associou* comigo *nessa questão de dar e receber*, exceto vocês, somente. Porque até quando eu estava em Tessalônica, por mais de uma vez vocês *mandaram o bastante para as minhas necessidades*.
>
> Filipenses 4.15-16

Dar e receber! Há uma lei instituída por Deus, segundo a qual o princípio para se receber é primeiramente dar.

Quando Paulo agradeceu a provisão recebida daqueles irmãos, explicou que, por meio daquele ato, eles estavam criando um espaço legal para a intervenção divina em suas vidas, de modo que pudessem receber de Deus. O receber não existe sem o dar. Ao incentivá-los na prática da generosidade, o apóstolo esclareceu que não os ensinava com a intenção de ser beneficiado com as dádivas recebidas, mas sim por causa do princípio que proporcionaria a eles mesmos receber ainda mais:

> Não que eu esteja pedindo ajuda, pois o que realmente me interessa é o fruto que aumente o crédito na conta de vocês.
>
> Filipenses 4.17

O apóstolo deixou claro que não estava interessado nos donativos, mas no fato de que o crédito deles diante de Deus estava aumentando através das suas ofertas. Ele não focava apenas o dar, mas também a consequência inevitável do receber.

O que Jesus ensinou

Jesus ensinou sobre a lei do dar e receber, mostrando que ela não se aplica apenas ao aspecto financeiro, mas a todas as áreas da vida:

> Não julguem, para que vocês não sejam julgados. Pois com o critério com que vocês julgarem vocês serão julgados; e com a medida com que vocês tiverem medido vocês também serão medidos.
>
> Mateus 7.1-2

Quem julga recebe julgamento. Quem mede os outros será medido na mesma proporção. Não há mistério algum na interpretação desse princípio, pois ele é absolutamente claro e objetivo!

Foi tratando exatamente desse assunto que o Senhor Jesus nos ensinou a lei do dar e receber de forma ainda mais explícita. Atentemos agora ao registro do Evangelho de Lucas:

> Não julguem e vocês não serão julgados; não condenem e vocês não serão condenados; perdoem e serão perdoados; deem e lhes será dado; boa medida, prensada, sacudida e transbordante será dada a vocês; porque com a medida com que tiverem medido vocês serão medidos também.
>
> Lucas 6.37-38

Quem condena recebe condenação. Quem perdoa recebe perdão. Quem dá recebe dádivas em retorno!

Ao resumir a lei e os profetas, Jesus não falou apenas sobre o amor, mas incluiu, em sua expressão, a própria lei do dar e receber:

> Portanto, tudo o que vocês querem que os outros façam a vocês, façam também vocês a eles; porque esta é a Lei e os Profetas.
>
> Mateus 7.12

Tenho procurado viver esse princípio. Aquilo que eu desejo que façam a mim, procuro também fazer aos outros. Por quê? Porque tudo o que eu dou a alguém voltará para mim em retribuição. Veja o que Provérbios afirma a respeito:

> Uns dão com generosidade e têm cada vez mais;
> outros retêm mais do que é justo e acabam na pobreza.
> A pessoa generosa prosperará,
> e quem dá de beber terá a sua sede saciada.
>
> Provérbios 11.24-25

Quem dá colhe acréscimos. Quem retém excessivamente colhe perdas.

A generosidade nos conduz à prosperidade, e o que plantarmos (como saciar a sede de alguém) colheremos depois (nossa própria sede será saciada).

Já tratamos da semeadura e colheita no capítulo anterior, e o princípio do dar e receber está diretamente ligado a essa mesma lei.

Suprindo para ser suprido

Um dos textos mais citados pelos crentes ao se referirem à provisão divina é Filipenses 4.19, que declara que Deus suprirá, em Cristo Jesus, cada uma das nossas necessidades, segundo as suas riquezas em glória. No entanto, muitos não percebem que essa declaração não foi feita de forma isolada, mas dentro de um contexto bem específico — a lei do dar e receber.

Paulo disse àqueles irmãos filipenses que, por terem suprido suas necessidades através dos donativos enviados, Deus certamente supriria as necessidades deles:

> Recebi tudo e tenho até de sobra. *Estou suprido*, desde que Epafrodito me entregou o que vocês me mandaram, que é uma oferta de aroma agradável, um sacrifício que Deus aceita e que lhe agrada. E o meu Deus, segundo a sua riqueza em glória, *há de suprir*, em Cristo Jesus, tudo aquilo de que vocês precisam.
>
> Filipenses 4.18-19

Se quisermos ter nossas necessidades supridas, devemos primeiramente buscar ser instrumento de suprimento na vida de outros. Muitos de nós acabamos impedindo que Deus nos dê por não praticarmos a lei que ele mesmo estabeleceu para que pudesse agir em nosso favor. Recusamo-nos a suprir a casa de Deus e as necessidades alheias por meio da contribuição, mas depois não entendemos o motivo pelo qual não somos supridos sobrenaturalmente.

Entendendo a bem-aventurança

Ao falar com os presbíteros de Éfeso, Paulo citou uma afirmação do Senhor Jesus, aprendida diretamente dele, que nos revela um princípio do reino espiritual:

> Em tudo tenho mostrado a vocês que, trabalhando assim, é preciso socorrer os necessitados e lembrar das palavras do próprio Senhor Jesus: "*Mais bem-aventurado é dar do que receber.*"
>
> Atos 20.35

Em outras palavras, o Senhor Jesus declarou que é melhor dar do que receber. Acredito que esse versículo expressa uma profunda verdade, aplicável não apenas aos pugilistas, mas também a cada um de nós. Normalmente, pensamos que dar significa perda e que receber é lucro, pois, ao dar, deixamos de ter algo, enquanto, ao receber, ganhamos.

Mas a bem-aventurança do dar não é apenas uma virtude espiritual que trará recompensa futura na glória. Dar já é melhor do que receber aqui mesmo, nesta vida! Se apenas recebemos algo de alguém, o benefício termina ali, e não se torna progressivo. Apenas a outra pessoa obtém o crédito espiritual. Entretanto, quando damos, acionamos uma lei espiritual que nos conduz a recebermos mais do que aquilo que ofertamos (Lc 6.38).

Portanto, dar é melhor do que receber, pois, ao recebermos, a bênção se limita somente ao que foi recebido. No entanto, ao darmos, estabelecemos um ciclo de provisão divina que nos leva constantemente a experimentar mais do que possuíamos antes da entrega.

Quebrando o egoísmo

Somos, por natureza, extremamente egoístas — a ponto de pensarmos em dar apenas com a intenção de receber algo em troca. Entretanto, o sistema estabelecido por Deus através da lei do dar e receber é justamente um antídoto contra o egoísmo. Ele nos ensina a dar porque não deseja que estejamos apegados a nada. Quando nos desprendemos, demonstramos maturidade para receber mais de suas mãos.

Para muitos crentes hoje, ser abençoado financeiramente nem sempre representaria, de fato, uma verdadeira bênção, pois, por conta do egoísmo e da imaturidade, a entrada de recursos poderia até mesmo lhes trazer prejuízo à vida espiritual. O filho pródigo que o diga! Ele não tinha preparo algum para administrar o que recebeu e, por isso, desperdiçou tudo (Lc 15.11-32). Através da prática generosa e sincera do dar, sem interesses egoístas, ativamos um princípio que nos permite receber de Deus de forma saudável. Mas uma oferta centrada em si mesmo não se encaixa no conjunto dos princípios divinos sobre o dar e receber — é o caso da filantropia de certas religiões, que já mencionamos anteriormente.

Aliás, observamos nas Escrituras pessoas que deram mas não foram abençoadas, como Ananias e Safira. O ato de dar não pode ser analisado de forma isolada. Assim como a semente precisa morrer para germinar e frutificar, na lei do dar e receber o ato de doar deve ser uma entrega genuína, que rompe com as estruturas do egoísmo.

Não negamos que o próprio Deus instituiu a lei do dar e receber, mas isso não significa que podemos barganhar com ele. Dar é melhor do que receber porque nos auxilia no processo de quebrar o egoísmo, preparando-nos para receber de forma equilibrada e com o coração ajustado.

Exemplos bíblicos

Há uma diversidade de exemplos nas Escrituras que demonstram o funcionamento da lei do dar e receber. Muitas vezes, concluímos de forma equivocada que os relatos bíblicos são apenas registros históricos. No entanto, por trás de cada episódio, existe uma lição a ser aprendida:

> Pois tudo o que no passado foi escrito, *para o nosso ensino foi escrito*, a fim de que, pela paciência e pela consolação das Escrituras, tenhamos esperança.
>
> Romanos 15.4

Paulo destacou esse fato também aos coríntios, explicando o motivo pelo qual os registros históricos de Israel chegaram até nós: para servir-nos de exemplo e advertência:

> Estas coisas aconteceram com eles para servir de exemplo e foram escritas como advertência a nós, para quem o fim dos tempos tem chegado.
>
> 1Coríntios 10.11

Portanto, examinemos alguns desses exemplos e extraiamos os ensinamentos que eles oferecem. Creio que o Antigo Testamento ilustra o Novo, enquanto o Novo explica o Antigo.

O exemplo de Elias

Há uma preciosa lição no episódio vivido pelo profeta Elias. Após profetizar a seca sobre Israel, Deus o escondeu da perseguição de Acabe e o sustentou sobrenaturalmente durante um período:

> Então a palavra do SENHOR veio a Elias, dizendo:
>
> — Saia daqui, vá para o leste e *esconda-se junto ao ribeiro de Querite*, nas imediações do Jordão. *Você beberá a água do ribeiro; e eu ordenei aos corvos que sustentem você naquele lugar.*
>
> Elias foi e fez segundo a palavra do SENHOR. Retirou-se e ficou morando junto ao ribeiro de Querite, nas imediações do Jordão. Os corvos lhe traziam pão e carne pela manhã, bem como pão e carne ao anoitecer; e ele bebia a água do ribeiro.
>
> 1Reis 17.2-6

Contudo, após certo tempo, o Senhor mudou suas instruções. Em vez de continuar sustentando Elias daquela forma, deu-lhe uma nova orientação:

> Mas, passados alguns dias, *o ribeiro secou, porque não chovia sobre a terra.*
>
> Então a palavra do SENHOR veio a Elias, dizendo:

— Levante-se e vá a Sarepta, que pertence a Sidom, e fique por lá. *Ali ordenei a uma viúva que dê comida para você.*

1Reis 17.7-9

Elias já estava sendo sustentado de forma sobrenatural por meio dos corvos, e Deus poderia facilmente continuar agindo assim, inclusive oferecendo suprimento de água também de forma milagrosa. No entanto, acredito que o Senhor não tinha apenas o profeta em mente, mas também aquela viúva, à qual desejava intervir com graça. Embora o texto não afirme explicitamente que Elias foi enviado por causa dela, foi assim que Jesus interpretou o episódio:

Na verdade lhes digo que havia muitas viúvas em Israel no tempo de Elias, quando o céu se fechou por três anos e seis meses, reinando grande fome em toda a terra, e *Elias não foi enviado a nenhuma delas, a não ser a uma viúva de Sarepta de Sidom.*

Lucas 4.25-26

Cristo esclareceu que o envio de Elias visava abençoar aquela viúva gentílica, e não apenas atender às necessidades do profeta. Elias foi o instrumento de Deus para que aquela mulher praticasse a lei do dar e receber. O próprio relato apresenta esse princípio de forma implícita:

Então ele se levantou e foi a Sarepta. Chegando ao portão da cidade, encontrou uma viúva que estava apanhando lenha. Ele a chamou e lhe disse:

— Por favor, traga-me um pouco de água numa vasilha para que eu possa beber.

Quando ela já estava indo buscar a água, Elias a chamou e lhe disse:

— Traga-me também um bocado de pão, por favor.

Porém ela respondeu:

— Tão certo como vive o SENHOR, seu Deus, não tenho nenhum pão assado. Tenho apenas um punhado de farinha numa panela e um pouco de azeite num jarro. E, como você pode ver, apanhei dois pedaços de lenha e vou preparar esse resto de comida para mim e para o meu filho. Vamos comer e depois morreremos de fome.

Elias disse a ela:

— Não tenha medo. Vá e faça o que você disse. Mas primeiro faça um pãozinho com o que você tem e traga-o para mim. Depois, prepare o resto para você e para o seu filho. Porque assim diz o SENHOR, Deus de Israel: "A farinha da panela não acabará, e o azeite do jarro não faltará, até o dia em que o SENHOR fizer chover sobre a terra."

> A viúva foi e fez segundo a palavra de Elias. Assim, comeram ele, ela e a sua casa durante muitos dias. A farinha da panela não acabou, e o azeite do jarro não faltou, segundo a palavra do SENHOR, anunciada por meio de Elias.
>
> 1Reis 17.10-16

Se aquela mulher tivesse comido sua última refeição, não haveria como ela ativar a lei do dar e receber.

Há muitos anos, li um ensinamento do irmão Dave Roberson aplicando essa passagem. Ele afirmava que é nos momentos de maior necessidade que devemos estar dispostos a dar. Infelizmente, muitos crentes, quando atravessam dificuldades financeiras, cortam justo o que jamais deveriam cortar: a prática do dar.

Passei a seguir esse conselho e tenho ofertado mesmo em tempos de escassez. Tenho vivido essa realidade e sempre testemunho a provisão de Deus. Embora nem sempre a resposta venha de imediato, ela nunca falha!

Em tempos difíceis, devemos estar atentos às oportunidades divinas de dar, mesmo que elas não se apresentem com toda a clareza que desejamos. A Bíblia relata que alguns hospedaram anjos sem saber (Hb 13.2). Por que Deus enviaria anjos ocultando sua identidade? Sem dúvida, não porque eles precisavam de algo, mas porque o Senhor queria proporcionar oportunidades de exercício de generosidade e, dessa forma, abençoar aqueles que as aproveitassem.

Assim também, muitas vezes pessoas necessitadas cruzam nosso caminho justamente quando também estamos enfrentando limitações. Se nosso coração nos impulsionar a ajudar, e se estiver ao nosso alcance fazê-lo, devemos obedecer!

Diversas vezes, ofertei para pessoas apenas porque, no momento, senti o desejo interior de fazê-lo, mesmo sem condições. Mais tarde, percebi que Deus estava não só suprindo o outro, mas também me ensinando a não desperdiçar a semente com a qual eu próprio seria abençoado.

Não podemos confundir pão com semente (2Co 9.10): o pão se come; a semente, não!

O exemplo de Jesus no barco de Pedro

Em uma ocasião, Jesus precisou do barco de Pedro, que no mesmo instante o disponibilizou ao Senhor:

> Aconteceu que Jesus estava junto ao lago de Genesaré, e a multidão o apertava para ouvir a palavra de Deus. Então ele viu dois barcos junto à praia do lago. Os pescadores tinham desembarcado e estavam lavando as redes. Entrando num dos barcos, que era o de Simão, Jesus pediu-lhe que o afastasse um pouco da praia; e, assentando-se, do barco ensinava as multidões.
>
> Lucas 5.1-3

Mesmo após uma noite inteira de trabalho infrutífero e com o cansaço e a frustração de nada ter pescado, Pedro cedeu o barco a Jesus. Por trás desse gesto de disponibilidade e obediência, ainda que inconscientemente, ele ativou a lei do dar e receber.

> Quando acabou de falar, Jesus disse a Simão:
>
> — Leve o barco para o lugar mais fundo do lago e então lancem as redes de vocês para pescar.
>
> Em resposta, Simão disse:
>
> — Mestre, havendo trabalhado toda a noite, nada apanhamos; mas, sob esta sua palavra, lançarei as redes.
>
> Fazendo isso, apanharam grande quantidade de peixes; e as redes deles começaram a se romper. Então fizeram sinais aos companheiros do outro barco, para que fossem ajudá-los. E foram e encheram ambos os barcos, a ponto de quase afundarem.
>
> Lucas 5.4-7

Pedro colheu em abundância, recebendo uma quantidade de peixes que jamais teria conseguido obter apenas com o próprio esforço. Sua oferta de generosidade — o barco emprestado — foi retribuída de forma grandiosa.

Sempre que entregamos algo a Deus, ele devolve muito além do que oferecemos. Nunca ninguém, em tempo algum, conseguirá superar a Deus em generosidade. Tudo o que damos retorna a nós "em boa medida, recalcada, sacudida e transbordante" (Lc 6.38). Assim como ocorreu com Pedro, esse princípio continua válido e eficaz em nossas vidas hoje.

O exemplo de Abraão

O episódio envolvendo Abraão é um dos maiores exemplos bíblicos da aplicação da lei do dar e receber. Depois de Deus pedir-lhe seu filho amado — ainda que o Senhor não tenha exigido que ele consumasse o sacrifício —, Abraão teve sua aliança com Deus ratificada e ampliada:

> Então do céu pela segunda vez o Anjo do SENHOR chamou Abraão e disse:
>
> — Porque você fez *isso e não me negou o seu filho*, o seu único filho, *juro por mim mesmo, diz o* SENHOR, *que certamente o abençoarei e multiplicarei a sua descendência como as estrelas dos céus e como a areia que está na praia do mar*. Sua descendência tomará posse das cidades dos seus inimigos. Na sua descendência serão benditas todas as nações da terra, porque você obedeceu à minha voz.
>
> Gênesis 22.15-18

Pelo fato de Abraão oferecer seu filho, ele fortaleceu espiritualmente o fundamento pelo qual Deus, mais tarde, entregaria seu próprio Filho à humanidade como instrumento de redenção.

A lei do dar e receber não é apenas um princípio estabelecido para nós; ela reflete algo que o próprio Deus pratica. O sacrifício de Abraão tipificou o grande sacrifício do Pai celestial, que entregou seu Filho unigênito para a salvação de todos nós.

O exemplo de Ana

Um dos mais belos exemplos da lei do dar e receber pode ser visto na vida de Ana, mãe do profeta Samuel. As Escrituras afirmam que ela não podia gerar filhos, pois era estéril (1Sm 1.5-6). Ainda assim, fez ao Senhor uma oferta de fé, prometendo consagrar a ele o filho que viesse a receber como resposta de oração:

> Ela fez um voto, dizendo:
>
> — SENHOR dos Exércitos, se de fato olhares para a aflição da tua serva, e te lembrares de mim, e não te esqueceres da tua serva, e lhe deres um filho homem, eu o dedicarei ao SENHOR por todos os dias da sua vida, e sobre a cabeça dele não passará navalha.
>
> 1Samuel 1.11

Quando Samuel nasceu e foi desmamado, Ana cumpriu fielmente seu voto, levando o menino ao templo e confiando-o aos cuidados do sacerdote Eli (1Sm 1.24-28).

E qual foi o resultado para Ana? A lei do dar e receber operou poderosamente:

> Eli abençoava Elcana e a sua mulher e dizia:

> — Que o SENHOR dê a você filhos desta mulher, em lugar do filho que devolveu ao SENHOR.
>
> E voltavam para a sua casa. Assim, o SENHOR abençoou Ana e ela engravidava. Teve mais três filhos e duas filhas. E o menino Samuel crescia diante do SENHOR.
>
> 1Samuel 2.20-21

Ninguém consegue superar a Deus em generosidade! Ana, que inicialmente não tinha nenhum filho, ao entregar o seu primogênito, recebeu outros cinco como acréscimo. E o mais extraordinário é que ela entregou antes mesmo de possuir o que prometera — um verdadeiro voto de fé.

Já experimentei algo semelhante em minha caminhada. Em algumas ocasiões, consagrei ao Senhor recursos que ainda não possuía, apresentando a ele o desejo de ofertar caso me concedesse aquilo que eu pedia. Mesmo não tendo, comprometi-me com fé e, quando a resposta chegou, cumpri imediatamente o voto feito. A lei do dar e receber é tão poderosa que até as promessas feitas antes de termos condições de dar já produzem resultados.

O exemplo da sunamita

Outro belo exemplo encontra-se na história da sunamita, mulher piedosa que acolheu o profeta Eliseu:

> Certo dia, Eliseu passou por Suném, onde morava uma mulher rica, que insistiu para que ele ficasse para uma refeição. Assim, todas as vezes que passava por lá, entrava para fazer uma refeição. Ela disse ao seu marido:
>
> — Vejo que este que passa sempre por aqui é um santo homem de Deus. Vamos fazer um quarto pequeno no terraço da casa e colocar nele uma cama, uma mesa, uma cadeira e uma lamparina; assim, quando ele vier à nossa casa, poderá ficar ali.
>
> 2Reis 4.8-10

Sensibilizado pela hospitalidade e generosidade daquela mulher, Eliseu buscou saber como poderia abençoá-la:

> Um dia, vindo o profeta para ali, retirou-se para o quarto e se deitou. Então disse ao seu servo Geazi:
>
> — Vá chamar esta sunamita.
>
> Ele a chamou, e ela se pôs diante do profeta. Este tinha dito a Geazi que dissesse a ela:

— A senhora nos tem tratado com muito cuidado. O que podemos fazer pela senhora? Podemos falar em seu favor junto ao rei ou ao comandante do exército?

Ela havia respondido:

— Eu estou bem, vivendo no meio do meu povo.

Então o profeta perguntou a Geazi:

— O que se pode fazer por ela?

Geazi respondeu:

— Ora, ela não tem filhos, e o marido dela é velho.

Eliseu disse:

— Vá chamá-la.

Ele a chamou, e ela se pôs à porta. Então o profeta disse à mulher:

— Por este tempo, daqui a um ano, você terá um filho nos braços.

Ela disse:

— Não, meu senhor, homem de Deus, não minta para esta sua serva.

A mulher engravidou e, no ano seguinte, no tempo determinado, deu à luz um filho, como Eliseu tinha dito.

2Reis 4.11-17

Eliseu não realizava milagres por iniciativa própria, mas era guiado pelo Espírito de Deus. Creio que a razão de seu coração ter se movido em favor daquela mulher foi justamente porque ela já havia ativado a lei do dar e receber com sua hospitalidade e desprendimento.

Esse relato não é uma mera coincidência bíblica. Ele integra um conjunto de exemplos que ilustram a consistência e a força deste princípio divino: quem dá recebe!

Muitas vezes mais

Certa vez, o apóstolo Pedro lembrou Jesus de tudo o que eles, os discípulos, haviam deixado por amor a ele e perguntou-lhe qual seria a recompensa deles:

Então Pedro, tomando a palavra, disse:

— Eis que nós deixamos tudo e seguimos o senhor; que será, pois, de nós?

Jesus lhes respondeu:

— Em verdade lhes digo que, na regeneração, quando o Filho do Homem se assentar no trono da sua glória, vocês que me seguiram também se assentarão em doze tronos para julgar as doze tribos de Israel. E todo aquele que tiver deixado casas, irmãos, irmãs, pai, mãe, filhos ou campos, por causa do meu nome, receberá muitas vezes mais e herdará a vida eterna.

Mateus 19.27-29

A resposta do Senhor Jesus Cristo ao apóstolo Pedro nos permite compreender alguns princípios relacionados à lei do dar e receber.

Em primeiro lugar, vemos que a recompensa por tudo o que fazemos — incluindo nossas dádivas — não é exclusivamente terrena. Sempre há um aspecto celestial: o galardão eterno. O Senhor fala de uma dimensão de honra na eternidade, na glória celestial. Assim, além daquilo que experimentamos no reino natural ao darmos, a lei do dar e receber também se estende ao reino espiritual.

Em segundo lugar, ele afirma que receberemos muitas vezes mais do que deixamos por amor a ele: as coisas terrenas! E é justamente essa forma de receber que precisa ser entendida com maior profundidade.

Jesus disse que receberíamos de volta algumas das coisas que deixamos por amor a ele, mas nem sempre recebemos na mesma forma com que entregamos. Por exemplo, ao deixar casas e campos, não significa que os receberemos de novo sob posse legal, mas podemos experimentá-los à disposição, quando necessário.

Há momentos em que, na maneira como recebemos o que entregamos, Deus nos preserva de ficarmos centrados em nós mesmos. Já afirmamos que uma das razões pelas quais Deus instituiu a lei do dar e receber foi para quebrar nosso egoísmo, pois somos naturalmente centralizados em nós. Logo, não podemos utilizar essa lei movidos apenas por interesses pessoais, com a intenção de dar para receber algo melhor em troca. Quando damos visando apenas o benefício próprio, violamos outro princípio bíblico e nos impedimos de receber. Observe o que a Palavra de Deus declara:

Nada têm, porque não pedem; *pedem e não recebem, porque pedem mal, para esbanjarem em seus prazeres.*

Tiago 4.2b-3

Depois de mostrar que muitos não recebem por não pedirem — indicando que uma das formas de receber de Deus é através da oração —, Tiago denuncia que alguns, mesmo orando, não alcançam resposta. E a razão para isso é que estão voltados apenas para si mesmos. Deus não pode sustentar o nosso egoísmo!

Jesus Cristo nos incluiu em sua morte na cruz justamente para aniquilar esse egoísmo. Assim, ele estabeleceu uma lei espiritual em que o egoísmo interfere no funcionamento de outros princípios do reino. Isso se aplica tanto na oração quanto na lei do dar e receber.

Contudo, Deus não impede que saiamos desse alinhamento da cruz; somos nós que precisamos aprender a dar pelo simples ato de dar, e não apenas em função da reciprocidade do receber.

A contribuição não deve ser vista como um investimento financeiro, semelhante a um título de capitalização, em que aplicamos hoje visando retorno amanhã. Outros princípios complementam a lei do dar e receber, e o correto funcionamento conjunto de todos eles é o que nos conduz aos resultados desejados.

No próximo (e último) capítulo deste livro, abordaremos o princípio do discernimento do Corpo de Cristo. Veremos que é necessário discernir a oportunidade de servir a Deus por meio das nossas dádivas. Se não revestirmos nossas ofertas dos sentimentos corretos, não usufruiremos de tudo aquilo que o Senhor nos disponibilizou na lei do dar e receber.

14

DISCERNINDO O CORPO DE CRISTO

Como algo frequentemente necessário, o dinheiro também pode ser transformado em tesouros eternos. Tudo o que oferecemos a Cristo é imediatamente revestido de imortalidade.

A. W. TOZER

Nossas atitudes jamais são neutras: elas produzem bênção ou maldição em nossa vida. A conhecida passagem de 1Coríntios 11.27-31 não apenas trata da ceia do Senhor, mas também revela aspectos essenciais da dimensão espiritual com a qual nos relacionamos.

> Por isso, aquele que comer o pão ou beber o cálice do Senhor indignamente será réu do corpo e do sangue do Senhor. Que cada um examine a si mesmo e, assim, coma do pão e beba do cálice. Pois quem come e bebe sem discernir o corpo, come e bebe juízo para si. É por isso que há entre vocês muitos fracos e doentes e não poucos que dormem. Porque, se julgássemos a nós mesmos, não seríamos julgados.

O cálice da ceia, chamado por Paulo de "cálice da bênção" (1Co 10.16), pode igualmente se transformar em juízo e disciplina para o crente que não discerne o corpo de Cristo da forma correta.

Mesmo com todos os dons do Espírito em operação na igreja de Corinto (1Co 1.7), incluindo os dons de cura, havia entre eles muitos fracos, enfermos e mortos prematuros. Isso mostra que práticas espirituais, quando feitas *sem discernimento*, podem produzir efeitos opostos ao esperado. Podemos perceber que a ceia do Senhor é um ato com consequências espirituais. O apóstolo chamou isso de "sermos julgados".

Meu objetivo aqui não é apenas aprofundar o entendimento sobre a ceia, mas destacar um princípio que também se aplica às contribuições financeiras: o discernimento do corpo de Cristo. Infelizmente, muitos tropeçam nesse ponto vital, o que os impede de experimentar o melhor de Deus.

Tive o primeiro contato mais profundo com esse tema em 1993, ouvindo uma pregação de Turner Nelson, de Trinidad e Tobago, em Londrina, no Paraná. Desde então, o Espírito Santo tem me conduzido a crescer nesse entendimento.

Se a ausência de discernimento traz juízo, o discernimento correto libera bênção. Os coríntios sofreram enfermidades por não discernirem o corpo; se o tivessem feito, seriam abençoados com saúde. Diversos textos bíblicos reforçam esse princípio de enxergar Cristo por trás das pessoas e situações com as quais lidamos. O próprio Jesus declarou que o juízo das nações se dará em função de como trataram os necessitados, revelando que o que fazemos a eles, fazemos ao próprio Senhor:

> Porque tive fome, e vocês me deram de comer; tive sede, e vocês me deram de beber; eu era forasteiro, e vocês me hospedaram; eu estava nu, e vocês me vestiram; enfermo, e me visitaram; preso, e foram me ver."
>
> Então os justos perguntarão: "Quando foi que vimos o senhor com fome e lhe demos de comer? Ou com sede e lhe demos de beber? E quando foi que vimos o senhor como forasteiro e o hospedamos? Ou nu e o vestimos? E quando foi que vimos o senhor enfermo ou preso e fomos visitá-lo?"
>
> O Rei, respondendo, lhes dirá: "Em verdade lhes digo que, sempre que o fizeram a um destes meus pequeninos irmãos, foi a mim que o fizeram."
>
> Mateus 25.35-40

Somos chamados a servir às pessoas como se estivéssemos servindo ao próprio Cristo. Discernir o Senhor por trás de cada oportunidade de serviço é uma premissa fundamental para andarmos em sua vontade e experimentarmos suas bênçãos.

O apóstolo Paulo também ensinou esse princípio aos servos:

> Servos, obedeçam em tudo a seus senhores aqui na terra, não servindo apenas quando estão sendo vigiados, visando somente agradar pessoas, mas com sinceridade de coração, temendo o Senhor. Tudo o que fizerem, façam de todo o coração, como para o Senhor e não para as pessoas, sabendo que receberão do Senhor a recompensa da herança. É a Cristo, o Senhor, que vocês estão servindo.
>
> Colossenses 3.22-24

Ao servir com essa consciência, somos recompensados pelo próprio Senhor. Da mesma forma, precisamos ver Jesus por trás de nossas ofertas e contribuições. Não ofertamos a homens ou instituições, mas ao próprio Cristo!

Dois aspectos distintos

Quando falamos no corpo de Cristo, precisamos compreender dois aspectos distintos que a Bíblia apresenta.

O primeiro refere-se ao corpo físico de Jesus, com o qual ele viveu nesta terra e no qual ressuscitou glorificado (Lc 24.36-43,50). É importante reconhecer que Cristo, mesmo glorificado, ainda possui um corpo físico: "Porque nele habita corporalmente toda a plenitude da divindade" (Cl 2.9).

O segundo é o corpo místico de Cristo — a igreja, que chamamos redundantemente de "Corpo Corporativo":

> Ele lhe sujeitou todas as coisas debaixo dos pés e, para ser cabeça sobre todas as coisas, o deu à *Igreja, a qual é o seu corpo, o complemento* daquele que enche tudo em todas as coisas.
>
> Efésios 1.22-23, TB

A igreja do Senhor Jesus é chamada de seu corpo, seu "complemento". Isso é, para nós, um fundamento bíblico inquestionável:

> Porque, *assim como o corpo é um e tem muitos membros, e todos os membros, mesmo sendo muitos, constituem um só corpo, assim também é com respeito a Cristo.* Pois, em um só Espírito, todos nós fomos batizados em um só corpo, quer judeus, quer gregos, quer escravos, quer livres. E a todos nós foi dado beber de um só Espírito. Porque também o corpo não é um só membro, mas muitos. [...]

> Ora, *vocês são o corpo de Cristo* e, individualmente, membros desse corpo.
>
> 1Coríntios 12.12-14,27

Entendendo o paralelo

Compreender esses dois aspectos do corpo de Cristo nos ajuda a enxergar um paralelo espiritual importante, especialmente no que diz respeito aos cuidados e à manutenção de seu corpo.

Quando Jesus esteve aqui fisicamente, o Pai moveu diversas pessoas para prover cuidados ao seu corpo humano. José e Maria foram instrumentos fundamentais nesse cuidado. Desde os primeiros dias de vida de Jesus, eles proveram alimento, proteção e abrigo. A fuga para o Egito (Mt 2.13-14) foi viabilizada inclusive através da provisão financeira que Deus antecipou ao mover os magos a ofertarem com generosidade (Mt 2.11).

Já na fase adulta do ministério de Jesus, Deus levantou outros cooperadores:

> Depois disso Jesus ia passando pelas cidades e povoados proclamando as boas-novas do reino de Deus. Os Doze estavam com ele, e também algumas mulheres que haviam sido curadas de espíritos malignos e doenças: Maria, chamada Madalena, de quem haviam saído sete demônios; Joana, mulher de Cuza, administrador da casa de Herodes; Susana e muitas outras. Essas mulheres *ajudavam a sustentá-los com os seus bens*.
>
> Lucas 8.1-3, NVI

Por que o Senhor precisava de recursos financeiros?

Porque, assim como qualquer ser humano, tinha necessidades materiais — alimentação, vestimenta, hospedagem, deslocamentos e tantas outras.

E por que eram tão importantes os cuidados com o corpo físico do Senhor Jesus e com suas necessidades?

Porque era por meio do seu corpo que Jesus agia! Além disso, todas as bênçãos que Deus oferece à humanidade se devem à vitória que Cristo consumou no mistério da sua missão redentora, que se deu mediante sua encarnação — em corpo e em carne. Todas as bênçãos que desfrutamos hoje fluem dessa obra consumada na cruz.

Cuidados com o corpo hoje

Aqui, chegamos ao ponto central: assim como Deus moveu pessoas para cuidar do corpo físico de Cristo, hoje ele espera que cuidemos de seu corpo espiritual — a igreja.

É por meio do seu corpo-igreja que Jesus continua a agir neste mundo.

É impossível à nossa geração servir o corpo físico de Cristo como a geração de seus dias o fez. Contudo, atualmente podemos servir ao seu corpo espiritual, a igreja. Isso se estende à área dos relacionamentos e da comunhão, que produzem a harmonia no "Corpo Corporativo". Contudo, eu gostaria de enfatizar sobretudo a importância de vermos a igreja (como seu corpo) por trás de tudo o que nos dedicamos a fazer.

Por isso, nossas contribuições não podem ser vistas como simples ofertas a uma instituição ou líder religioso, mas como investimento no próprio corpo de Cristo. Quem oferta com essa consciência espiritual experimenta uma dimensão de bênção superior à daquele que dá apenas por formalidade ou por obrigação.

Posso afirmar: assim como a falta de discernimento na ceia resultou em enfermidades em Corinto, muitos hoje não experimentam o fluir da provisão divina simplesmente por não discernirem o corpo ao contribuir.

Não basta dar dinheiro. É necessário fazê-lo com entendimento, amor e propósito (2Co 9.7). As pessoas que ofertam sem esse discernimento e paixão não experimentam a dimensão de bênçãos que está reservada aos que discernem o corpo de Cristo por trás das atividades ministeriais.

De todas as pessoas que demonstraram esse cuidado, há uma que se destaca, da qual já falamos no primeiro capítulo deste livro: Maria de Betânia, irmã de Marta e Lázaro. Lemos em Marcos 14.3-9 que ela teve uma das mais belas atitudes de adoração e oferta já demonstradas ao Senhor Jesus. Essa é a razão de falarmos dela no primeiro e no último capítulo deste livro. E Jesus faz a importante observação de que ela fez algo pelo seu Corpo:

> Ela fez o que pôde: ungiu o meu corpo antecipadamente para a sepultura.
>
> Marcos 14.8

E o Senhor a honrou sobremaneira por ter agido dessa forma. Aliás, Deus sempre honra os que fazem algo em prol do seu corpo.

Desde seu nascimento até sua morte, o Senhor Jesus foi servido por pessoas que lhe dispensaram cuidados e investimentos financeiros em prol do seu corpo. Até mesmo depois da sua morte, vemos pessoas de posição e prestígio fazendo isso. José de Arimateia, por exemplo, usou a influência que tinha diante de Pilatos para pedir o corpo de Jesus Cristo (Lc 23.50-53) a fim de sepultá-lo com honra. Creio que isso também é um paralelo do que acontece conosco hoje.

Você não chegou a ocupar nenhuma posição social sem um propósito. Se Deus lhe deu dinheiro, posição ou prestígio, não foi para que você usasse tudo isso somente para seu benefício próprio, mas para que você os usasse em prol do corpo de Cristo aqui na terra.

Quando Mardoqueu enviou um recado à rainha Ester, sua sobrinha, para que ela intercedesse junto ao rei a favor do povo de Israel, ele acrescentou o seguinte comentário:

> Porque, se você ficar calada agora, de outro lugar virá socorro e livramento para os judeus, mas você e a casa de seu pai perecerão. Mas *quem sabe se não foi para uma conjuntura como esta que você foi elevada à condição de rainha*?
>
> Ester 4.14

Essa frase nos mostra uma antiga crença no meio do povo de Deus. Em sua soberania, o Senhor guia estrategicamente nossa vida. Foi assim com Ester! Mardoqueu lhe estava dizendo algo assim: "Não é possível que Deus tenha lhe dado tudo isso para algum outro propósito, a não ser para que você faça algo pelo povo dele!".

O Senhor deseja nos usar onde estivermos e com o que possuirmos. Abra os olhos e esteja atento para discernir as oportunidades de servir ao corpo do Senhor. Os reis magos fizeram uma longa viagem e deram presentes caros porque eles viram alguma coisa que a maioria não viu! "Discernir" significa "ver distintamente, distinguir, conhecer claramente".

O fornecimento de cuidados materiais ao Ccrpo do Senhor libera bênçãos. O contrário, no entanto, traz maldições. Judas não só perdeu a chance de servir ao corpo do Senhor, mas também tentou lesá-lo, e a maldição que ele colheu é patente!

Quando investimos na obra de Deus com esse discernimento — de que estamos fazendo algo pelo Corpo de Cristo — somos abençoados. E, se algum "espertinho" tentar se aproveitar do amor que expressamos e fizer um mau uso ou uma apropriação indébita, ele certamente pagará por isso! Deus o julgará, mas quem contribuiu com amor será abençoado!

A bênção não vem pela aplicação que é feita com os recursos, e sim pelo discernimento espiritual que temos em nosso coração sobre a verdadeira razão para darmos. Se discernirmos o corpo de Cristo por trás das oportunidades que temos de ofertar, então a bênção já estará determinada, muito antes de se decidir sobre o emprego do dinheiro.

É lógico que os cuidados para com o corpo de Cristo não se dão apenas por meio das nossas contribuições financeiras. Há outras formas de expressá-los e que devem acompanhar essa atitude.

Quando exercemos um ministério, estamos servindo ao corpo de Cristo. O crente que não se dispõe a trabalhar pelo reino demonstra que não discerne o corpo do Senhor. O crente que não coopera com os que estão servindo a igreja também não discerne o corpo do Senhor. Já é hora de buscarmos do alto uma compreensão mais profunda sobre o que estamos fazendo aqui na terra.

Eu sonho com uma geração que haverá de revolucionar o mundo com o evangelho de Cristo. A história nos ensina que toda revolução tem pelo menos três ingredientes:

- Uma nova mensagem.
- Pessoas dispostas a trabalhar pela causa (e até mesmo morrer por ela).
- Recursos que financiem a causa. Enquanto não nos doarmos ao Senhor e não disponibilizarmos os nossos recursos materiais, a nossa mensagem não terá o efeito que deveria ter. Deus está nos chamando a rever isso!

É hora de discernir o corpo de Cristo e de fazer mais, a começar pela sua igreja. As nossas atitudes devem refletir esse entendimento. E a nossa prática desse entendimento liberará muito mais de Deus sobre nossas vidas.

Que o Pai celestial nos ajude a crescer nesse discernimento!

SOBRE O AUTOR

Luciano Subirá é pastor na Comunidade Alcance, em Curitiba, e responsável pelo ministério de ensino bíblico Orvalho.com. Autor de 24 livros que somam mais de 2 milhões de exemplares distribuídos, tem servido à igreja brasileira em todo o território nacional e também em diversos países. É casado com Kelly, pai de Israel e Lissa e avô de Aela Maria e Fineas John.

Acesse as redes sociais do autor:
Youtube: @lucianosubira
Instagram: @lucianosubira

Compartilhe suas impressões de leitura,
mencionando o título da obra, pelo e-mail
opiniao-do-leitor@mundocristao.com.br
ou por nossas redes sociais

Esta obra foi composta com tipografia Palatino e Sweet Sans
e impressa em papel Pólen Natural 70 g/m² na gráfica Imprensa da Fé